Bruno Hildenbrand

Fallrekonstruktive Familienforschung

Qualitative Sozialforschung
Band 6

Herausgegeben von

Ralf Bohnsack
Christian Lüders
Jo Reichertz

Die Reihe Qualitative Sozialforschung
Praktiken – Methodologien – Anwendungsfelder

In den letzten Jahren hat vor allem bei jüngeren Sozialforscherinnen und Sozialforschern das Interesse an der Arbeit mit qualitativen Methoden einen erstaunlichen Zuwachs erfahren. Zugleich sind die Methoden und Verfahrensweisen erheblich ausdifferenziert worden, so dass allgemein gehaltene Orientierungstexte kaum mehr in der Lage sind, über die unterschiedlichen Bereiche qualitativer Sozialforschung gleichermaßen fundiert zu informieren. Notwendig sind deshalb Einführungen von kompetenten, d.h. forschungspraktisch erfahrenen und zugleich methodologisch reflektierten Autorinnen und Autoren.

Mit der neuen Reihe soll Sozialforscherinnen und Sozialforschern die Möglichkeit eröffnet werden, sich auf der Grundlage handlicher und überschaubarer Texte gezielt das für ihre eigene Forschungspraxis relevante Erfahrungs- und Hintergrundwissen über Verfahren, Probleme und Anwendungsfelder qualitativer Sozialforschung anzueignen.

Zwar werden auch grundlagentheoretische, methodologische und historische Hintergründe diskutiert und z.T. in eigenständigen Texten behandelt, im Vordergrund steht jedoch die Forschungspraxis mit ihren konkreten Arbeitsschritten im Bereich der Datenerhebung, der Auswertung, Interpretation und der Darstellung der Ergebnisse.

Bruno Hildenbrand

Fallrekonstruktive Familienforschung

Anleitungen für die Praxis

2. Auflage

VS VERLAG FÜR SOZIALWISSENSCHAFTEN

VS VERLAG FÜR SOZIALWISSENSCHAFTEN

VS Verlag für Sozialwissenschaften
Entstanden mit Beginn des Jahres 2004 aus den beiden Häusern
Leske+Budrich und Westdeutscher Verlag.
Die breite Basis für sozialwissenschaftliches Publizieren

Bibliografische Information Der Deutschen Bibliothek
Die Deutsche Bibliothek verzeichnet diese Publikation in der Deutschen Nationalbibliografie;
detaillierte bibliografische Daten sind im Internet über <http://dnb.ddb.de> abrufbar.

1. Auflage 1999
2. Auflage März 2005

Der VS Verlag für Sozialwissenschaften ist ein Unternehmen von Springer Science+Business Media.
www.vs-verlag.de

Umschlaggestaltung: KünkelLopka Medienentwicklung, Heidelberg

Gedruckt auf säurefreiem und chlorfrei gebleichtem Papier

ISBN-13:978-3-531-32286-5   e-ISBN-13:978-3-322-80837-0
DOI: 10.1007/978-3-322-80837-0

Inhaltsverzeichnis

Im allgemeinen kann man sagen, daß die Aufweichung bei der Unterweisung in jeglicher Kunst folgendermaßen vor sich geht:

1. *Ein Meister erfindet eine Vorrichtung oder ein Verfahren, das einen besonderen Zweck oder eine begrenzte Reihe von Zwecken erfüllt.*
   Schüler eignen sich das Verfahren an. Die meisten gehen nicht so gewandt damit um wie der Meister. Das nächste Genie mag es verbessern oder verwirft es, um etwas anderes, das für seine Zwecke geeigneter ist, an dessen Stelle zu setzen.
2. *Dann kommt ein Flachkopf von Pädagoge oder Theoretiker und erklärt das Verfahren zum Gesetz oder zur Regel.*
3. *Dann wird eine Bürokratie gegründet, und das spatzenhirnige Sekretariat fällt über jedes neue Genie und jede Form der Findigkeit her, weil sie dem Gesetz nicht Folge leisten und weil sie etwas wahrnehmen, was dem Sekretariat entgeht.*

Ezra Pound

Einleitung

Marcel Mauss hat zustimmend einen bösen Satz überliefert: „Die, die eine Wissenschaft nicht betreiben können, schreiben ihre Geschichte, diskutieren ihre Methode oder kritisieren ihre Geltungsansprüche" (Mauss 1978, S. 147).

Ich hatte das Glück, daß meine wichtigsten Lehrer in qualitativer Sozialforschung erst dann begannen, eine Methodologie zu entwickeln, nachdem sie sich in empirischen Untersuchungen die erforderliche Forschungserfahrung angeeignet und damit ihre Forschungskompetenz erwiesen hatten. Als ein weiterer glücklicher Umstand kam hinzu, daß jeder dieser Lehrer für eine eigene Tradition qualitativer Sozialforschung steht bzw. eine solche begründet hat.

Zunächst ist Aaron V. Cicourel zu nennen, der an der phänomenologischen Tradition der qualitativen Sozialforschung orientiert ist. Dann Anselm Strauss. Sein Paradigma ist das des Symbolischen Interaktionismus; zusammen mit Barney Glaser hat er die Grounded Theory begründet und kontinuierlich weiterentwickelt. Es war Richard Grathoff, der Mitte der 70er Jahre des 20. Jh. Cicourel und Strauss an das Sozialwissenschaftliche Archiv der Universität Konstanz geholt hat, wo sie uns die nötige Starthilfe bei unseren Untersuchungen über „Soziale Relevanz und biographische Struktur" (initiiert von Thomas Luckmann und Richard Grathoft) gaben. Grathoff selbst steht für die sozialphänomenologische Tradition der Milieuforschung in der Nachfolge von Aron Gurwitsch und Maurice Merleau-Ponty.

Schließlich ist Ulrich Oevermann zu erwähnen, dessen Objektive Hermeneutik im wesentlichen dem genetischen Strukturalismus verpflichtet ist und der mitunter die Phänomenologie scharf kritisiert – ein Umstand, an dem sich ablesen läßt, daß es sich dabei für Oevermann um eine Richtung handelt, die es wert ist, daß man sich zumindest mit ihr auseinandersetzt.

Von Lehrern aus einerseits unterschiedlichen, andererseits aber auch verwandten methodologischen Orientierungen angeregt, mehr noch, gleichermaßen geprägt zu werden bedeutet zum einen (negativ gewendet), den Vorwurf des Eklektizismus auf sich zu ziehen, zum anderen (positiv gewendet), ein distanziertes Verhältnis zur Verpflichtung auf eine Schule zu gewinnen. Gerade in letzterem liegen unabweisbare Vorteile. Sie bestehen darin, sich weniger mit fruchtlosen Schulenstreitigkeiten auseinandersetzen zu müssen und dadurch Zeit zu gewinnen für das, worum es in der Soziologie im Kern geht: um ein wissenschaftliches Verständnis von sozialem Handeln und sozialen Strukturen.

Die Kehrseite soll jedoch nicht verschwiegen werden. Aus vielen Quellen zu schöpfen kann dazu verführen, die methodologischen Differenzen zwischen diesen drei Traditionen der qualitativen Sozialforschung um der Pragmatik des Forschungsprozesses willen einzuebnen.

Offen gestanden: Wenn es an einem in der Diskussion um die qualitative Sozialforschung (vor allem im deutschsprachigen Raum) nicht mangelt, dann sind es die zahlreichen theoretischen Begründungsversuche, oft unternommen von Kolleginnen und Kollegen, die sich nicht in gleichem Maße, wie sie sich um Methodologie bemühen, in der empirischen Forschung engagierten (womit wir wieder bei Mauss wären).

In der Gewißheit, daß es an Begründungen auch in Zukunft nicht fehlen wird, werde ich mich in diesem Buch so weit wie möglich auf die *Praxis* der qualitativen Sozialforschung, insbesondere natürlich auf die fallrekonstruktive Familienforschung, konzentrieren.

Abschließend einige Worte des Dankes. Zu Dank bin ich nicht nur den genannten Lehrern verpflichtet, sondern auch Jörg R. Bergmann, dem Begleiter und heftigen Diskutanten meiner ersten Forschungserfahrungen, sowie den Mitarbeiterinnen und Mitarbeitern in den Forschungsprojekten, die diesen folgten. Allen voran ist Karl Friedrich Bohler zu erwähnen.

Des weiteren danke ich den kritischen Leserinnen und Lesern des Manuskripts: Michael B. Buchholz, Gudrun Dreßel, Hans-Joachim Giegel, Doris Köhler und Hannes Ummel.

Und schließlich danke ich den Nutzerinnen und Nutzern sozialwissenschaftlichen Wissens, die mich kollegial und freundschaftlich, aber dezidiert dazu gebracht haben, meine Texte so zu formulieren, daß sie über einen engen Soziologenkreis hinaus zu lesen sind. Von ihrem praktischen, aber theoriegesättigten Blick habe ich viel profitiert – hier denke ich in erster Linie an Rosmarie Welter-Enderlin.

I. Fallrekonstruktive Familienforschung: Begriffliche Klärungen

1. Vorbemerkung

Dieses Buch will Anleitungen für die Praxis fallrekonstruktiver Familienforschung geben. Für grundlagentheoretische und methodologische Erörterungen ist hier nicht der Ort. Jedoch müssen Begriffe eingeführt und definiert werden. Dies soll in diesem Kapitel erfolgen.

Um Ihnen zu erleichtern, sich mit den Grundlagen fallrekonstruktiver Familienforschung vertraut zu machen (wozu ich dringend rate), habe ich diesem Buch eine kommentierte Liste von Schlüsseltexten der fallrekonstruktiven Familienforschung beigegeben (vgl. Kap. V).

2. Zum Begriff „Familie": Familie als Ort sozialisatorischer Interaktion; Familie als Milieu

Auf einer Tagung wird die Familie eines Drogenabhängigen vorgestellt. Dieser Drogenabhängige ist das mittlere Kind in einer Reihe von drei Geschwistern, vor ihm kommt eine Schwester, nach ihm ein Bruder. Die Eltern sind Schweizer, der Großvater väterlicherseits ist vor dem Zweiten Weltkrieg in die Schweiz eingewandert, die Mutter ist die Tochter einer unehelich geborenen und körperbehinderten Frau, die als Pflegekind in einer Familie aufgewachsen ist und nach dem Zweiten Weltkrieg in die Schweiz kam. In der Diskussion dieser Familie lenkt ein Teilnehmer die Aufmerksamkeit auf die Position des Drogenabhängigen im Geschwistersystem und stellt die Hypothese auf, daß dieser von den Eltern *als* ältester Sohn nicht anerkannt worden sei. Ein anderer Teilnehmer stellt die Überlegung an, daß beide Elternteile in ihren Herkunftsfamilien mit dem Familienthema sozialer Desintegration konfrontiert gewesen seien und daß dieses Thema eine bedeutsame Rolle in der Kindheit des Sohnes gespielt habe.

Hier treffen zwei Perspektiven der soziologischen Betrachtung von Familie aufeinander. In der einen Perspektive[1] wird die Familie als ein Zusammenhang interagierender Personen betrachtet, der durch zwei widersprüchli-

---

[1] Dies ist die strukturale Perspektive. Im folgenden taucht sie unter dem Stichwort der Objektiven Hermeneutik auf.

che, aber notwendig miteinander verschränkte Beziehungen gekennzeichnet ist: die Paarbeziehung und die Eltern-Kind-Beziehung, hier erweitert um die Geschwisterbeziehung (Allert 1988, Buchholz 1993, 1995, Oevermann 2001). Des weiteren wird hier angenommen, daß Familie gekennzeichnet ist durch die Strukturmerkmale der Nicht-Austauschbarkeit der Personen, der Körperbasis der Paar- und (eingeschränkt) der Eltern-Kind-Beziehung, der affektiven Solidarität sowie der Unkündbarkeit der Personen. Widersprüchliche Einheit von Paar- und Eltern-Kind-Beziehung einerseits sowie die weiteren Strukturmerkmale von Familie andererseits bilden den Kontext, innerhalb dessen sich regelgeleitet personale Identität und Autonomie entwickeln können.

In der anderen Perspektive[2] erscheint Familie als ein Verweisungszusammenhang von milieutypischen Selbstverständlichkeiten der Welt- und Selbstauffassung (Grathoff 1989, Hildenbrand 1983, Matthiesen 1994). Familien konstruieren ihre Welt als eine ihnen vertraute, weil in ihren typischen Aspekten bestimmte (Schütz und Luckmann 1984). Dies gilt sowohl für die familiale Innenwelt als auch für die Welt außerhalb der Familie sowie für die Übergänge zwischen Innen und Außen. Krisen im Welt- und Selbstverhältnis tauchen auf und werden bewältigt vor dem Hintergrund dieser milieutypischen Selbstverständlichkeiten.

Das kollektive Familiengedächtnis, das durch Geschichtenerzählen gespeist und aktiviert wird und das Deutungsmuster sozialer Wirklichkeit bereithält, ebenso familienspezifische Muster der Orientierung im Raum (sichtbar z. B. in Form von Wohnungsgrundrissen) sind die Bereiche, die einen privilegierten Zugang zu milieutypischen Selbstverständlichkeiten von Familie eröffnen.

Es wäre nun unsinnig, Familie *entweder* als Ort sozialisatorischer Interaktion *oder* als Milieu zu analysieren. Wenn wir Familie betrachten als den „Punkt, von dem aus das Kind den Rest des Universums betrachtet" (Ginzburg 1995, S. 132), dann erscheint beides im Blickfeld: daß Identität sich in Interaktionen bildet und daß dieser Prozeß der Identitätsbildung auf einen vertrauten Rahmen eines Familienmilieus angewiesen ist.

3. Methodologische Grundbegriffe

Dialektik von Allgemeinem und Besonderem. „Menschen machen ihre eigene Geschichte, aber sie machen sie unter vorgefundenen und vorgegebenen Umständen" (Marx 1964/1851, S. 226). Allgemeines und Besonderes sind in dieser Konzeption untrennbar miteinander verschränkt. In der fallrekonstruktiven Forschung kommen beide gleichermaßen in den Blick. Diese Forschung kann daher nicht mit Ideographik, also mit der Beschreibung eines

---

2   Dies ist die Perspektive der Sozialphänomenologie.

einzelnen Falles, verwechselt werden. Deutlicher noch als Marx hat dies Sartre in der methodologischen Schrift zu seinen Flaubert-Studien ausgedrückt. Ausgangspunkt seiner auf einen individuellen Fall gerichteten Forschung ist die Frage, was dem Menschen „aus dem zu machen gelingt, was andere aus ihm gemacht haben" (Sartre 1964, S. 75).

Sequenzanalyse. Die Sequenzanalyse ist die methodische Konsequenz der Entscheidung, Fälle in der Dialektik von Allgemeinem und Besonderem zu analysieren. Das Allgemeine ist repräsentiert in den Handlungsmöglichkeiten, die einem Fall (einer Familie) objektiv gegeben sind. Ihre Besonderheit realisiert eine Familie dadurch, daß sie in bezug auf diese Möglichkeiten spezifische Wahlen trifft (Oevermann 1991, S. 280).

Diese Wahlen erfolgen jedoch nicht beliebig. Familien, wie andere Einheiten autonomer Lebenspraxis auch, produzieren und reproduzieren, wenn sie Entscheidungen treffen, soziale Ordnung (Bergmann 1985): Sie bilden ein Muster aus, das den individuellen Fall und die Geschiche seiner Entscheidungsprozesse übergreifend kennzeichnet. Dieses Muster nenne ich *Fallstruktur.* Es ist die zentrale Aufgabe fallrekonstruktiver Forschung, Fallstrukturen zu entdecken und zu beschreiben..

Mitunter spreche ich auch von einer *Fallstrukturhypothese.* Damit will ich deutlich machen, daß der Prozeß der Rekonstruktion einer Fallstruktur als Entwicklung und Überprüfung von Hypothesen verläuft und daß dieser Prozeß, wie die Lebenspraxis auch, offen ist.

Abduktion, Deduktion und Induktion als drei für fallrekonstruktive Verfahren typische Stufen des Forschens.[3] Abduktive Schlüsse dienen dazu, eine erklärende Hypothese in der Form zu bilden, daß von einer Folge auf ein Vorhergehendes geschlossen wird. Grathoff, für den das abduktive Schließen ein grundlegendes Prinzip des bewußten erkennenden Lebens und zugleich die zentrale Forschungsstrategie des Erkennens von Neuem ist (wie bei Oevermann und Schütze auch, vgl. Reichertz 1993), zitiert Peirce mit folgendem Beispiel: „Ein Mann hatte Cholera. Er war schon kollabiert, blau verfärbt, ganz kalt und ohne fühlbaren Pulsschlag. Er wurde reichlich zur Ader gelassen. Im Laufe dieser Prozedur kam er aus dem Kollaps heraus, und am nächsten Morgen konnte er wieder aufstehen. Folglich kann der Aderlaß ein Heilmittel gegen die Cholera sein" (Grathoff 1970, S. 41, übs. von B. H.).

Solche Erkenntnisse kommen, wie Peirce sagt, wie ein Blitz, Gesetz und Anwendung werden gleichzeitig erkannt (Eco 1985, S. 295). Voraussetzung dafür ist die Bereitschaft, sich von Vorannahmen frei zu machen und unbefangen auf die Daten zu blicken.

Auf der zweiten Stufe des Forschens, der Stufe der Deduktion, werden die abduktiv gewonnenen Erkenntnisse in ein Typisierungsschema überführt, das „in der Art eines Diagramms" (Peirce, zitiert nach Grathoff 1989, S. 276) formuliert wird. Hier wird untersucht, „welche Auswirkungen diese Hypo-

---

3   In diesem Abschnitt beziehe ich mich durchgängig auf Grathoff 1989, S. 271-277.

these, falls sie unterstellt wird, auf die Modifizierung unserer *Erwartungen* hat, die sich auf eine künftige Erfahrung beziehen" (Peirce, a. a. 0.).

Auf der dritten Stufe des Forschens, der Stufe der Induktion, wird schließlich überprüft, „inwiefern die Konsequenzen, die sich aus der deduktiven Applikation der Hypothese ergeben, mit der Erfahrung übereinstimmen" (Peirce, zitiert nach Grathoff 1989, S. 277).

Fallrekonstruktive Forschung könnte insofern auch als zirkulärer Prozeß begriffen werden, der mit der Erfahrung beginnt und mit dieser endet, um von hier aus neue Untersuchungsfragen zu formulieren.

Fallrekonstruktive Sozialforschung als Kunstlehre. Die zentrale Rolle der Abduktion im Prozeß fallrekonstruktiven Forschens führt zu folgender Schlußfolgerung: Fallrekonstruktive Sozialforschung läßt sich nicht auf Techniken reduzieren, Imagination läßt sich nicht durch Lehrsätze herbeizwingen. Fallrekonstruktive Sozialforschung, damit auch fallrekonstruktive Familienforschung, kann nur als *Kunstlehre* vermittelt werden.

Der Künstler Cezanne schreibt: „Wie schwer ist es doch, unbefangen an die Wiedergabe der Natur zu gehen ... Man sollte sehen können wie ein Neugeborener" (Cezanne, zitiert nach Vollard 1960, S. 81). Hier kommen zwei zentrale Momente des künstlerischen wie des wissenschaftlichen Prozesses zum Ausdruck, die widersprüchlich zu sein scheinen, zusammen genommen aber den Prozeß des Schaffens eines künstlerischen Werks wie auch des Herstellens einer sozialwissenschaftlichen Theorie ausmachen: zum einen der *unvoreingenommene Blick,* den wir oben bei Peirce schon erwähnt gefunden haben[4]; zum anderen das *Gestalten von Wirklichkeit* in der wissenschaftlichen wie der künstlerischen Auseinandersetzung mit dieser Wirklichkeit. Dies bedeutet in der fallrekonstruktiven Sozialforschung, wie wir sie hier verstehen, eine Fallstruktur *in der Sprache des Falles* (Oevermann) zu entwickeln und in materialgesättigter Form zur Darstellung zu bringen.

Diese Überlegungen sind der Grund dafür, daß ich mich entschlossen habe, in den Mittelpunkt dieses Lehrbuchs die Entwicklung einer Fallstudie zu stellen und Schritt für Schritt die Ausarbeitung einer Fallstrukturhypothese nachzuzeichnen. Sie, werte Leserin, werter Leser, können so am Modell sehen, wie Fallstudien entstehen, Sie können Ihre eigene Auffassung dazu entwickeln und hier den Ausgangspunkt nehmen für eigene Fallstudien. Und zwar nicht in dem Sinne, daß Sie die hier vorgestellten Techniken der Datenerhebung und der Datenanalyse einfach übertragen, sondern in dem Sinne, daß Sie sich für eigene Forschungen *inspirieren* lassen.

---

4 Karrer erhebt gegen diese Auffassung den Positivismus-Verdacht (Karrer 1998, S. 60). Gemeint aber ist nicht die Abbildung von Wirklichkeit. Gemeint ist das Einnehmen einer Haltung „als ob" und die geistige Anstrengung, sich möglichst unbeeinflußt von vorgängigen alltagsweltlichen wie wissenschaftlichen Annahmen dem Neuen des zur Untersuchung stehenden Gegenstands zu öffnen.

II. Die Praxis der fallrekonstruktiven Familienforschung: Ablauf einer Fallrekonstruktion

1. Übersicht über den Ablauf einer Fallstudie

Als Barney Glaser und Anselm Strauss 1967 erstmals mit ihrer Methodologie an die Öffentlichkeit traten, nannten sie ihr Buch „Die Entdeckung einer Grounded Theory" (Glaser und Strauss 1967). Damit machten sie unzweifelhaft deutlich, daß erfahrungswissenschaftliche Theoriebildung, wie sie sie verstanden, nicht bürokratisch geplant werden kann, sondern eine Reise in unbekannte Gefilde darstellt[5].

Meine eigenen Forschungserfahrungen decken sich mit diesen Auffassungen. Einen gültigen Plan für den Ablauf einer beliebigen Fallstudie kann ich Ihnen daher nicht versprechen. Ich kann Ihnen aber einige Leitlinien sowie das Beispiel einer Fallstudie an die Hand geben und hoffen, daß die darin enthaltenen Hinweise Ihnen ausreichend Sicherheit vermitteln, um selbst eine Fallstudie durchzuführen, und daß sie Ihnen helfen, sich genügend Flexibilität zu bewahren, um tatsächlich Neues zu entdecken.

Fangen wir also mit den Leitlinien an. Leber und Oevermann schlagen in einem Aufsatz über die „Möglichkeiten der Therapieverlaufs-Analyse in der Objektiven Hermeneutik" (Leber und Oevermann 1994, S. 388-90) folgenden Ablauf einer Fallrekonstruktion vor:

Erstens sollen Eingangssequenz und Schlußsequenz des der Fallrekonstruktion zugrundeliegenden Textes extensiv ausgelegt werden. Die herausgehobene Stellung der Anfangssequenz wird damit begründet, daß in der Eröffnung einer sozialen Interaktion in gesteigertem Maße Strukturierungsleistungen einer Lebenspraxis erforderlich sind. Und je extensiver ein Text ausgelegt wird, um so rascher gelangt man zu „reichhaltigen, fablilen, das heißt auch: spekulativen Strukturhypothesen" (a. a. O., S. 389). Nach der Analyse

---

5 Das hört sich trivial an. Daß dies aber nicht trivial ist, werden Sie spätestens dann feststellen, wenn Sie einen Forschungsantrag schreiben und dazu einen „Untersuchungsplan" entwickeln. Wenn Sie dort angeben: „Ich werde mit einem Fall anfangen und dann sehen, wie es weitergeht, und außerdem benutze ich dafür folgende Leitlinien", sind Sie schon aus dem Rennen. Wenn Sie – außerhalb der soziologischen Grundlagenforschung in Deutschland, wo man von einer erstaunlichen Offenheit für Methodologien außerhalb des *mainstream* ist – bestehen wollen, müssen Sie einen Plan erfinden für etwas, was nicht zu planen ist, jedenfalls nicht im Detail. Hatte Kolumbus einen Plan, als er Amerika entdeckte?

der Anfangssequenz werden unabhängig voneinander untersucht: *zweitens* zufällig ausgewählte Textausschnitte, *drittens* Themen, die hinsichtlich ihrer interaktiven oder thematischen Qualität nach dem Kriterium des maximalen Kontrastes ausgewählt werden, um möglichst facettenreich den Fall zu erschließen. *Viertens* werden die Ergebnisse der unter zweitens und drittens durchgeführten Analysen miteinander verglichen, um so zu einer „übergeordneten, komplexen Fallrekonstruktion" (a.a.O.) zu gelangen. Besonderes Augenmerk soll dabei jenen Sequenzen gewidmet werden, in denen mögliche Transformationen der rekonstruierten Fallstruktur auftreten. *Fünftens* soll vom gesamten Gespräch eine Übersicht über die thematische Entwicklung angefertigt und diese Entwicklung ihrerseits einer Sequenzanalyse unterzogen werden. *Sechstens* sollen erneut Sequenzen ausgewählt werden. Auswahlkriterien sind nun Falsifikationsträchtigkeit und Schönheit. Mit Schönheit ist gemeint, daß diese Stellen in besonders augenfälliger Weise eine Fallstruktur zum Ausdruck bringen. Abschließend wird *siebtens* eine Analyse bereits bekannter Daten („objektive Daten") durchgeführt. Im vorliegenden Fall der Analyse eines Therapiegesprächs wären dies die biographischen Daten des Patienten, dessen Diagnose, Indikation etc.

An diesem Leitfaden für eine Fallrekonstruktion ist folgendes bemerkenswert:

- Es wird nichts über die Generierung von Daten gesagt, Daten sind „einfach da". Dies entspricht Oevermanns Auffassung, daß es in der qualitativen Sozialforschung kein Problem der Datenerhebung, sondern nur eines der Datenanalyse gebe. Ich werde später darauf zurückkommen.
- Es wird nicht davon ausgegangen, daß für eine vollständige Fallrekonstruktion über das vorliegende Transkript einer Therapiesitzung hinaus weitere Daten erforderlich sind.
- Jedoch wird abschließend auf die „objektiven Daten" hingewiesen, die man „auch" analysiert hätte, aber eben: „auch". Als Beispiele werden, obwohl es sich um eine therapeutische Interaktion handelt, zunächst nur Patientendaten genannt. Jedoch werden auch Fragen des Arbeitsbündnisses und damit im weiteren Sinne Daten des organisatorischen Kontextes, innerhalb dessen die Therapie stattfindet, erwähnt.

Dies bedeutet, daß Leber und Oevermann folgende Daten nicht als vordringlich für eine Fallrekonstruktion im Bereich der Therapieforschung ansehen: Es interessiert nicht das räumliche Setting des Therapiegesprächs, auch interessieren nicht die organisatorischen Gegebenheiten (Privatpraxis, Klinik). Der Therapeut mit seiner eigenen beruflichen und persönlichen Geschichte ist nicht Thema, auch nicht sein therapeutisches Credo.

Nun könnte man mit Oevermann diesen Einwänden entgegenhalten, daß diese Daten schon im Gespräch identifiziert werden können, wenn sie eine

16

Relevanz für den Fall haben[6]. Dem entspricht Oevermanns Auffassung, daß der Kontext nicht von außen an das Material herangetragen, sondern aus diesem erschlossen wird. Text ist für Oevermann vor allem sprachlicher Text, etwa ein Gesprächstranskript. Man gelangt jedoch zu einer reichhaltigen Strukturhypothese[7] eines Familienmilieus, wenn man die Datenerhebung und die Datenanalyse über Verbaldaten hinaus erweitert auf die räumlichen, organisatorischen und interaktiven Gegebenheiten eines Gesprächstranskripts, die man als unmittelbaren Kontext bezeichnen könnte, und auf Gegebenheiten im weiteren Kontext wie z. B. Wohnumfeld, Berufe etc. Wichtig aber ist, daß diese Informationen nicht unter der Hand in die Textanalyse einbezogen werden, sondern einen eigenen Text konstituieren, der strukturell analysiert wird.

Ich schlage folgenden, *möglichen,* je nach Fall und Fragestellung zu variierenden Ablauf der Datenerhebung bei einer Familienstudie vor:

Grundsätzlich gilt, daß Datenerhebung und Datenanalyse zeitlich voneinander nicht getrennt sind. Man könnte von einem *Hit-and-run-Verfahren* sprechen: Es werden jeweils nur so viele Daten erhoben, wie man braucht, um den Fall zu analysieren, und geht erst wieder ins Feld, wenn diese Daten umfassend analysiert sind. Dies bedeutet, daß die Datenerhebung die Datenanalyse bis zum Abschlußbericht begleitet, wenn man dem in der Grounded Theory zentralen Verfahren des „theoretical sampling" folgt (Strauss 1994, S. 70). Der entscheidende Effekt bei diesem Verfahren ist der, daß man mit einem Minimum an Daten ein Maximum an theoretischen Aussagen erzeugen kann. Des weiteren erzeugt man immer nur so viele Daten, wie für die Theorie benötigt werden. Man häuft nicht „auf Vorrat" Datenberge an, die am Ende nur den immensen Datenfriedhof der qualitativen Sozialforschung vergrößern. Weil daher die Datenerhebung der Datenanalyse untergeordnet ist (von dieser *kontrolliert* wird, wie Strauss 1994, S. 70, schreibt), können im folgenden nur grobe, aus unseren bisherigen Erfahrungen abgeleitete Anhaltspunkte für die Datenerhebung gegeben werden:

Zunächst wird ein erster Besuch bei der zu untersuchenden Familie durchgeführt, bei dem das Anliegen der Studie und alle anderen Themen, die

---

6   In dem diskutierten Beispiel ist der Fall ein Therapieverlauf und nicht ein Patient, ein Therapeut oder eine therapeutische Einrichtung. Damit wird aber die Frage aufgeworfen: Was ist der Fall? Für unsere Zwecke reicht es, festzustellen, daß in diesem Buch der Fall eine Familie ist, und wer zu dieser Familie gehört, stellt sich im Laufe der jeweiligen Untersuchung heraus.

7   Geertz würde dafür den Begriff der „dichten Beschreibung" verwenden. Wenn man dagegen hält, was für ihn die grundlegenden Merkmale einer Fallstudie sind, dann zeigt sich, wie irreführend dieser Begriff ist: „Es gibt also drei Merkmale der ethnographischen Beschreibung: sie ist deutend; das, was sie deutet, ist der Ablauf des sozialen Diskurses; und das Deuten besteht darin, das ‚Gesagte' eines solchen sozialen Diskurses dem vergänglichen Augenblick zu entreißen" (Geertz 1983, S. 30). Er meint also, dies wird im letzten Halbsatz besonders deutlich, mit „dichter Beschreibung" Strukturanalyse oder, in der hier üblichen Terminologie: Fallrekonstruktion.

bei der ersten schriftlichen Kontaktaufnahme erwähnt wurden, besprochen werden. Hier ist auch Gelegenheit, das Aufzeichnungsgerät einzuführen und die Praktiken der Anonymisierung zu erläutern. Von diesem ersten Besuch wird ein Beobachtungsprotokoll angefertigt, das Informationen zu den abgelaufenen Interaktionen, zur Wohnung der Familie, zum Wohnumfeld und zum Wohnort etc. enthält.

Danach findet ein familiengeschichtliches Gespräch statt, zu dem wiederum ein Beobachtungsprotokoll angefertigt wird. Das Gespräch wird transkribiert. In manchen Fällen wird es möglich sein, gleich beim ersten Besuch dieses familiengeschichtliche Gespräch durchzuführen.

Je nach gewünschtem Detaillierungsgrad der Familienstudie finden weitere Gespräche statt. Sie dienen zum einen der Nachfrage nach Details aus dem familiengeschichtlichen Gespräch, zum anderen der Erhebung weiterer Informationen. Hierzu können auch „narrative Interviews" (Schütze 1984) mit einzelnen Personen aus der Familie gehören.

Die im familiengeschichtlichen Gespräch enthaltenen Informationen werden nun angereichert durch sozialgeschichtliche Informationen der Region, in der die untersuchte Familie beheimatet ist. Quellen dafür sind u. a. Heimatmuseen, Archive der Regionalzeitungen sowie das jeweilige Staatsarchiv. Wiederum je nach gewünschtem Detaillierungsgrad der Familienstudie bzw. je nach Entwicklung der Hypothesen werden Beobachtungen auf dem Kontinuum Beobachter als Teilnehmer – Teilnehmer als Beobachter durchgeführt.

2. Vorbereitungen einer Fallstudie

a) Festlegung der Fragestellung

Zunächst gilt es festzulegen, welche Problemstellung Sie bearbeiten möchten: Sollen allgemeine Fragestellungen der Soziologie, der Psychologie oder der Pädagogik der Familie behandelt werden (z. B. Struktur der sozialisatorischen Interaktion bei Alleinerziehenden), sollen soziale Problemlagen untersucht werden (z. B. Folgen von Armut für das Familienleben), sollen Familien einfach deshalb untersucht werden, weil sie exotisch sind (z. B. Zirkusfamilien)? Vor letzterem wäre jedoch zu warnen, es sei denn, eine wissenschaftlich bedeutsame Fragestellung läßt sich aus einer solchen Studie entwickeln (z. B. Strukturen von Sässigkeit bei geographisch ständig mobilen Familien).

Nachdem Sie in einem ersten Durchgang Ihre Fragestellung eingekreist haben, folgt als nächster Schritt die Sichtung der vorhandenen theoretischen Literatur (manchmal gehen beide Schritte parallel, wenn Sie z. B. eine interessante Studie lesen und von hier aus eigene Ideen für eine Untersuchung entwickeln).

Dies soll am Beispiel der Studie der Familie Dittrich, die das Rückgrat dieses zweiten Kapitels bildet, erläutert werden. Die Familienstudie Dittrich habe ich zusammen mit Daniela Klein im Rahmen des Forschungsprojekts „Familiensituation und alltagsweltliche Orientierung Schizophrener" (Blankenburg und Hildenbrand 1983, Hildenbrand 1991) durchgeführt. Ausgangspunkt dieser Untersuchung waren Forschungsergebnisse von Wolfgang Blankenburg, denen zufolge Schizophrenie einerseits als Verlust der natürlichen Selbstverständlichkeit (Blankenburg 1971), andererseits als „Krankheit am Erwachsenwerden bzw. Nicht-erwachsen-werden-können" (Blankenburg 1984) zu begreifen sei. Dazu kam meine eigene Untersuchung der Familie eines als schizophren diagnostizierten Mannes (Hildenbrand 1983), in der die Fremdheit dieser Familie in ihrer sozialen Umgebung einerseits, ein problematischer Ablöseprozeß des Sohnes andererseits als zentrale Familienthemen herausgearbeitet wurden[8].

Mit diesen Vorstudien war der Rahmen gesetzt, innerhalb dessen die folgenden Familienstudien, von denen die Studie der Familie Dittrich eine der ersten war, in Angriff genommen wurden. Man könnte auch sagen: In gewisser Weise waren die Beobachtungen vorstrukturiert, und es kam darauf an, auch andere Perspektiven zur Geltung zu bringen.

b) Auswahl des Falles

Kriterien bei der Auswahl des Falles. Haben Sie eine wissenschaftlich begründete Fragestellung gefunden, die fallrekonstruktiv zu bearbeiten ist, gilt es, den dieser Fragestellung angemessenen Fall auszuwählen. Es ist vor allem wichtig, daß Sie die Auswahl des Falles so treffen, daß dort auch das geschieht, was Sie untersuchen möchten.

Sie müssen des weiteren Familien finden, die bereit sind, die Belastung einer Studie auf sich zu nehmen. Wo die Familien mit der Studie einen Vorteil für sich verbinden, ist dies (scheinbar) einfach. Vorteile können bestehen in Erwartung von Unterstützung, z. B. bei benachteiligten Familien oder bei Familien mit sozialen Problemen; sie können bestehen in der Erwartung, eine politische Botschaft verkünden zu können, etc. Hier wird es dann darum gehen, daß Sie sich gegenüber solchen Erwartungen abgrenzen und nicht falsche Hoffnungen wecken.

Wo Familien keine Vorteile der genannten Art zu erwarten haben, kommt es auf Fingerspitzengefühl und Geduld an, um Familien zu finden, die bereit sind, über sich zu erzählen und sich beobachten zu lassen, ohne daß sie dafür unmittelbar für sich einen Sinn darin sehen. Der (wiederum: scheinbar) einfache Weg der Fallauswahl ist dann der, über das eigene Netz von

---

8   Zur genaueren Rekonstruktion der Entwicklung unserer Fragestellung vgl. S. 67ff.

Bekannten etc. Zugang zu Familien, die für die verfolgte Forschungsfragestellung geeignet sind, zu erhalten. Hier ist jedoch Vorsicht geboten: Denn anders als bei Studien fremder Kulturen besteht das Besondere von Studien in der eigenen Kultur darin, daß man sich das dem eigenen Alltagsverstand Vertraute erst einmal künstlich fremd machen muß, um es in seiner Eigenheit erfassen zu können (Cicourel 1970). Wenn dann Anfängerinnen und Anfänger bei der Auswahl von Fällen zuerst im Freundes- und Bekanntenkreis suchen, weil sie meinen, die Forschung sei dort leichter zu handhaben, als wenn sie sich von vornherein mit dem Fremden konfrontieren würden, verschärfen sie dieses Problem. Und wenn man Zugang zu einer Familie über Bekannte oder Freunde bekommt, wird die Forschung dadurch weiter erschwert, daß die untersuchte Familie nie wissen kann, ob intime Familiendetails an diese Bekannten etc. weitergetragen werden. Am besten ist es also, Sie verschaffen sich einen Zugang zu völlig Fremden.

Der nächste Schritt besteht dann darin, den Zugang zum Feld vorzubereiten. Es empfiehlt sich, vorab möglichst umfangreiches Material zu dem Thema, das man untersuchen will, zusammenzutragen: Dokumente, informelle Gespräche mit Informanten, erste Beobachtungen. Dies ist kein Widerspruch zu dem oben Gesagten, demzufolge der Gegenstand als Fremder erschlossen werden soll: Diese Informationen sind schon Bestandteil des Fremden, und wichtig ist dann, zu differenzieren zwischen dem, was man schon über das zu untersuchende Feld weiß, und dem, was man tatsächlich antrifft.

Erschließen des Zugangs zum Feld. Nun steht die Entscheidung darüber an, welche Person aus dem Forschungsfeld zuerst angesprochen werden soll. Agar hat bei seinen Feldforschungen die Erfahrung gemacht, daß jede Gemeinschaft über Personen verfügt, die aufgrund ihres Status in der Gemeinschaft und aufgrund persönlicher Eigenschaften „natürliche Experten für public relations" sind und die die offizielle oder inoffizielle Aufgabe haben, mit Fremden, die auf die Gemeinschaft zukommen, umzugehen. Er nennt diese Personen „official stranger handlers" (Agar 1980, S. 83). Es handelt sich dabei seiner Auffassung nach um Menschen, die einerseits am Rande ihrer Gruppe leben und einen relativ niedrigen Status haben, aber andererseits über das Vertrauen ihrer Gruppe verfügen. Die besondere Eigenschaft solcher Informationsexperten bestehe darin, Informationen über die Gemeinschaft so weitergeben zu können, daß für die Gemeinschaft keine Gefahr besteht.

Ein Beispiel. Angenommen, eine Soziologie-Studentin aus Jena will eine Magisterarbeit über die Lebensbedingungen kosovo-albanischer Familien in Deutschland schreiben. Wie kommt sie an solche Familien heran, unter der Bedingung, daß es in Thüringen nur wenige dieser Familien gibt und deren Aufenthaltsort nicht ohne weiteres in Erfahrung gebracht werden kann? Sie wendet sich an den Präsidenten eines Vereins der Kosovo-Albaner einer Stadt in einem benachbarten Bundesland mit einer nennenswerten kosovo-albanischen Population. Dieser erfüllt fast vollständig die von Agar aufgeführten Bedingungen für einen *official stranger handler:* Er ist gewählter

Vereinsfunktionär, also haben ihm seine Landsleute das Vertrauen geschenkt. Er bestreitet seinen Lebensunterhalt u.a. mit Dolmetschertätigkeiten, er bewegt sich also auch beruflich an der Nahtstelle zwischen den Kosovo-Albanern dieser Stadt und den lokalen Behörden, Firmen etc. Und schließlich engagiert er sich in einem Verein, der sich die Belange seiner Landsleute in einem Gastland zum Anliegen gemacht hat. Demnach wird er auch ein Interesse daran haben, an die – in diesem Fall wissenschaftliche – Öffentlichkeit zu treten. Über ihn konnten tatsächlich Kontakte zu kosovo-albanischen Familien geknüpft werden.

Aber Vorsicht: Jeder „official stranger handler" hat eine spezifische Perspektive auf das zu untersuchende Feld sowie seine eigenen Interessen in diesem Feld und wird dieser entsprechend seine Auswahl an Informanten treffen. Außerdem ist zu erwarten, daß der Forscher mit dem „stranger handler", seinen Perspektiven und Interessen assoziiert wird. Davon muß er sich frei machen.

c) Erste Kontakte mit der Familie, die untersucht werden soll

Besonders bei Unerfahrenen ist zu erwarten, daß die ersten Kontakte mit der Familie, die untersucht werden soll, außer von Neugier und Interesse auch von Unsicherheit und Sorge über das Gelingen begleitet sind – auch erfahrene Forscherinnen und Forscher sind davor nicht gefeit, wenn auch mit der Erfahrung erwartungsvolle Spannung überwiegt. Einige Vorkehrungen können Sicherheit schaffen.

Wenn Sie sich schon mit dem Feld, wie oben beschrieben, vertraut gemacht haben, werden Sie bereits über einen Satz von Fragen verfügen, die Sie stellen können, falls die Familie nichts von sich aus erzählt. Im übrigen macht es – bezogen auf das erwähnte Beispiel – bei den Untersuchten einen ungünstigen Eindruck, wenn Sie nichts über die schwierige Beziehung zwischen Serben und Albanern im Kosovo wissen und mit der legendären Schlacht auf dem Amselfeld nichts anfangen können – wie wollen Sie dann noch Ihr Interesse an dieser Gruppe begründen?

Vorteilhaft ist es auch, wenn das erste Gespräch durch einen Brief vorbereitet wird, der folgende Punkte[9] enthält:

- Identifizieren Sie sich und die Institution, in der Sie tätig sind.
- Nennen Sie die Ziele des Forschungsvorhabens. Diese Ziele werden so formuliert, daß die Adressaten zwischen sich und ihrer eigenen Lebenssituation einen Bezug herstellen können.

---

9 Einige der folgenden Punkte betreffen die Fragen der Ethik in der fallrekonstruktiven Forschung. Vgl. dazu Kapitel IV.

- Skizzieren Sie kurz Ihre geplante Vorgehensweise. Weisen Sie auf die (zeitlichen) Belastungen hin, die auf die Familie zukommen werden, wenn sie sich auf die Teilnahme an der Studie einläßt[10].
- Sichern Sie Vertraulichkeit zu.
- Informieren Sie die Familie, daß die Studie für sie keinen unmittelbaren Nutzen hat. Sie können allenfalls einen ideellen Nutzen in Aussicht stellen.

Im Falle der Untersuchung von Familien in psychischen oder sozialen Notlagen wäre diese Liste um zwei Punkte zu ergänzen:

- Sichern Sie der Familie zu, daß sie keinerlei Nachteile bei der Inanspruchnahme sozialer Hilfesysteme (Beratung und Therapie) zu erwarten hat, wenn sie die Zustimmung zur Teilnahme an der Studie verweigert.
- Sichern Sie der Familie zu, daß sie nach Abschluß der Studie in die Fallmonographie, die über sie geschrieben wird, Einsicht nehmen kann. Hier empfehle ich (aus leidvoller Erfahrung) die Vermittlung von Professionellen, mindestens aber, die Studie nicht einfach zuzuschicken, sondern sie persönlich mit erläuternden Worten zu übergeben.

d) Erste Interaktionen im Feld: Vorüberlegungen

Bis hierher haben Sie schon einiges an Arbeit hinter sich gebracht, eine Familie haben Sie jedoch noch nicht gesehen. Ist aber der erste Kontakt mit der Familie telefonisch vereinbart, kommen Fragen: Werden die Leute kooperativ sein? Werden Sie mich und mein Vorhaben akzeptieren? Was kommt auf mich zu?

Einige mögliche Probleme, auf die diese Fragen hinweisen, werden im Abschnitt 6a dieses Kapitels zur Sprache kommen. Dort analysiere ich die Eingangssequenz des ersten, auf Band aufgenommenen familiengeschichtlichen Gesprächs mit der Familie Dittrich, anhand deren Studie ich modellhaft den Gang einer Fallrekonstruktion nachzeichnen werde. Hier soll zunächst so viel gesagt werden: Es empfiehlt sich, eine respektvolle Haltung gegenüber den Untersuchten einzunehmen und im Fall, daß die Familie von Ihnen Erklärungen über ihre alltägliche Wirklichkeit erwartet, weil Sie ja „studiert" sind, bescheiden zu sein.

Diese Überlegungen führen zu einer zentralen Frage für die Feldforschung: Welche Rolle spielt der Feldforscher im Feld? Oder präziser: Wie wird die Feldforscherin von den Interakteuren im Feld organisiert, und wie läßt sie sich organisieren? Diese beiden Aspekte, organisiert werden und sich organisieren lassen, sind untrennbar miteinander verbunden.

---

10 Daß wir die Gespräche auf Tonband aufzeichnen, führen wir beim ersten Gespräch mit der Familie oder am Telefon ein, um sogleich Gelegenheit für Rückfragen zu geben.

Beispielsweise können einzelne Mitglieder der untersuchten Familie von Ihnen erwarten, daß Sie in einem Machtkampf innerhalb der Familie Stellung für sie nehmen. Oder Sie werden als Schiedsrichter in einem Familienstreit angerufen. Oder die Familie ist in einen Streit mit ihrer Umgebung verstrickt, und Sie sollen nun Partei für die untersuchte Familie ergreifen. Dies kann bis hin zu der Erwartung gehen, daß Sie politische Bekenntnisse ablegen.

Sie können dem Dilemma, einerseits von der Familie in ihre Welt hineingezogen zu werden, andererseits im Dienste der Wissenschaft aber neutral bleiben zu müssen, dadurch entgegensteuern, daß Sie Ihre Rolle nicht ein für allemal festlegen, sondern ständig neu aushandeln, diplomatisch sind und sich an der richtigen Stelle abgrenzen, ohne den Kontakt zu der Familie zu gefährden.

Warnen möchte ich davor, die Familienforschung als Sozialkritik, Sozialarbeit oder Sozialreform mißzuverstehen. Die fallrekonstruktive Familienforschung bringt Sie in eine große Nähe zu den Forschungssubjekten, und es ist möglich, daß Sie mit sozialen Problemlagen, mit Situationen der Ungerechtigkeit und der Ungleichheit, mit Situationen der Ausbeutung und des Mißbrauchs von Macht unmittelbar und im konkreten Einzelfall konfrontiert werden. Je nach Thema der Studie können gerade solche Notlagen Gegenstand Ihrer Untersuchung sein. Die *Kunst* besteht dann darin, sich einerseits dem Elend zu öffnen und sich davon anrühren zu lassen, andererseits aber den wissenschaftlichen Auftrag im Auge zu behalten. Wichtig ist also, die unmittelbaren Hilfe-Impulse zu unterdrücken und Forschung und Hilfe strikt voneinander zu trennen. Hilfe, wenn sie denn gefragt ist und Sie dazu etwas beitragen können, muß außerhalb des Forschungsprozesses und möglichst an dessen Ende organisiert werden (vgl. Kap. IV).

Bevor es nun tatsächlich ins Feld geht, müssen Sie noch die Frage der *Technik* klären. Zunächst brauchen Sie ein Notizbuch, in welches Sie unmittelbar nach (nicht: während) dem Abschluß einer Beobachtungssequenz erste Stichworte eintragen, die dann später eine Gedächtnisstütze für die Abfassung des Beobachtungsprotokolls abgeben. Auch können Sie hier schon erste theoretische Überlegungen anstellen sowie methodische Hinweise vermerken. Alle Eintragungen sollten Sie mit einem Datum versehen, damit Sie die Entwicklung der Fallstudie rekonstruieren können. Des weiteren benötigen Sie ein gutes Aufzeichnungsgerät (Audio oder Video) mit einem leistungsfähigen Mikrofon. Da es auch dem erfahrensten Feldforscher passieren kann, daß die Technik streikt oder er den falschen Knopf drückt, ist hier unbedingte Sorgfalt in der Vorbereitung erforderlich, einschließlich der Durchführung von Probeaufnahmen. Zur Verschriftung benötigen Sie außerdem ein Transkriptionsgerät, das dafür eingerichtet ist, möglichst mit Fußschalter das Band vor- und zurücklaufen zu lassen. Und für die Abfassung von Beobachtungsprotokollen, für das Erstellen von Transkriptionen und für das Schreiben der Analysen bietet sich – was sonst – ein Computer mit einem leistungsfähigen Textverarbeitungsprogramm an.

3. Beobachtungen, Beobachtungsprotokolle und deren Analyse

a) Beobachtungen und deren Protokollierung

Jede Beobachtung stellt eine Auswahl aus einer Fülle von Sinneseindrücken dar und ist daher schon Interpretation (Schütz 1971). Dennoch ist es hilfreich, in den Beobachtungsprotokollen eine Trennung durchzuführen zwischen Beobachtung, theoretischen Notizen und methodischen Notizen (Schatzman und Strauss 1973). Dies sieht graphisch so aus:

Beobachtungsnotizen	Theoretische Notizen	Methodische Notizen

Diese Einteilung hilft Ihnen, Ordnung in Ihr Beobachtungsprotokoll zu bringen. Folgen Sie dieser Einteilung, dann haben Sie

- einen Text, in dem Sie versuchen, nur das aufzuschreiben, was Sie gesehen haben,
- einen Text, in dem Sie theoretische Reflexionen über das Gesehene anstellen,
- einen Text, in dem Sie sich Gedanken über das weitere Vorgehen machen, über die Schwierigkeiten, auf die Sie bei der Beobachtung gestoßen sind, und über Möglichkeiten, künftig diese Schwierigkeiten zu vermeiden.

Daß Daniela Klein und ich *gemeinsam* in der Familie Dittrich (außer beim ersten Besuch) Beobachtungen und Interviews durchgeführt haben, war kein Zufall. Dies hat sich als günstig erwiesen, weil so die Aufgaben der Gesprächsführung und der Beobachtung der Situation (nicht zu vergessen die Durchführung der Tonbandaufnahmen) geteilt werden können. Des weiteren sollte das Forscherteam deshalb aus einer Frau und einem Mann bestehen, weil Frauen sich vorzugsweise an Frauen und Männer an Männer wenden: so jedenfalls unsere Erfahrung.

b) Analyse von Beobachtungsprotokollen

Das Beobachtungsprotokoll nach dem ersten Besuch[11] bei der Familie Dittrich umfaßt vier Seiten und weist in den einzelnen Spalten folgende Einträge auf:

Beobachtungsnotizen:
Erster Besuch bei der Familie Dittrich in Eisental, Montag, 16.11.81, 18.45-19.30. Anwesend: Frank, seine Eltern. In der Küche ein Gast. Beobachter: B.H.

---

11 Eine Aufstellung der bei dieser Studie durchgeführten Beobachtungen, Interviews und Recherchen finden Sie im Anhang auf S. 85 (Tabelle 1).

Das Gespräch wurde durch Dr. B. telefonisch vorbereitet, der Frank bei seinem Klinikaufenthalt in M. behandelt hat und der zu ihm eine gute Beziehung aufbauen konnte. B.s Eindruck von der Familie: einfache, nette Leute. Und vom Sohn: differenziert, bringt druckreife Aphorismen, reflektiert.

Die Familie Dittrich wohnt in einem abgelegenen Dorf im Westerwald, zu erreichen über eine kleine Straße. Als ich ankomme, ist es dunkel. In der Dorfmitte frage ich nach der Familie, man kann mir sogleich Auskunft geben: einen kleinen Weg entlangfahren, beim Transformatorenhäuschen rechts halten, letztes Haus links.

Am Haus brennt ein Licht. Erster Eindruck des Hauses: Ein moderner Bau, schlicht, nicht so recht in das bisher Gesehene vom Dorf passend, z. B. kein Fachwerkhaus (am Ortseingang steht ein Schild: „Ferienort").

Frau Dittrich, Franks Mutter, empfängt mich an der Haustür. Offenbar hat sie, hinter dem Vorhang stehend, mein Ankommen beobachtet. Sie bittet mich herein und sagt: Eigentlich habe sie gehofft, daß Dr. B. mal vorbeikommt. Ich weise auf den weiten Weg von M. nach Eisental hin.

Im Wohnzimmer, auf einem langen Sofa, sitzt Frank, vor sich eine Schachtel, die eine Pfeife enthält. Der Fernseher läuft, es sieht nach einer politischen Sendung aus. Frank steht von seinem Platz auf, wir begrüßen uns, er setzt sich wieder, ich nehme an der einen Schmalseite des langen Couchtisches Platz, die Frank am nächsten ist. Frau Dittrich setzt sich an die gegenüberliegende Schmalseite, sitzt von ihrem Sohn also weiter entfernt als ich.

Frau Dittrich beginnt, über ihre Probleme zu Hause zu sprechen. Sie erzählt vom letzten Klinikaufenthalt Franks in Alzey (psychiatrisches Landeskrankenhaus) im Juni dieses Jahres, wo sie (die Eltern) ihn nach sieben Wochen, das heißt nach Ablauf der ersten Hälfte des geplanten Gesamtzeitraums, abgeholt hätten. Grund dafür seien Unfälle gewesen, er sei durch eine geschlossene Glastür gesprungen und habe sich dabei das Gesicht verletzt. Er habe aus den Augen geblutet.

Dann zählt sie seine derzeitigen Medikamente auf: Dogmatil, Haldol, Akineton gegen Gehirnerschütterung.

Nun schildert sie Franks Situation zu Hause: Er gehe nicht raus, im Dorf seien üble Vorfälle gewesen, jemand habe ihn anonym beim Gesundheitsamt angeschwärzt, er sei mit einem Kleinkalibergewehr durchs Dorf gelaufen, man müsse ihn zwangsweise in einer Klinik unterbringen. Das Gesundheitsamt habe die Vorwürfe überprüft, sie seien darauf hin zurückgenommen worden.

Weiterhin habe jemand im Dorf gesagt, er sei der erste, der vergast werden würde. Frau Dittrich wörtlich: „Daß es auch noch solche Nazis gibt."

Zunächst zur Vorgehensweise bei der Anonymisierung. Wir haben es uns zur Angewohnheit gemacht, von Beginn an das Material zu maskieren. Das heißt, daß alle Namen und Informationen, die die untersuchte Familie identifizierbar machen würden, geändert werden. Dabei ist es wichtig, daß der Sinngehalt trotz der Veränderungen erhalten bleibt. Dies gilt sowohl für die Eigennamen als auch für die Berufe und die geographische Herkunft: Aus einem Hamburger wird man keinen Münchner, sondern einen Bremer machen, aus einem Maurer keinen Elektriker, sondern einen Gipser, aus einem Franz keinen Kevin, sondern einen Friedrich. Das Prinzip ist klar: Es müssen sinnlogische Äquivalente gefunden werden, was sich mitunter als aufwendig herausstellt, aber notwendig ist, um gleichzeitig den Belangen der Studie gerecht zu werden und die untersuchte Familie zu schützen.

Nun zur Analyse. Aus Platzgründen beschränke ich mich auf den zweiten und dritten Abschnitt im Beobachtungsprotokoll[12]. Analysiert man diese Passage im Stil der Grounded Theory[13], dann heißt der nun folgende Vorgang „Kodieren". Hierzu bedient man sich des „Kodierparadigmas" (Strauss 1994, S, 56f). Es beinhaltet Fragen nach *Bedingungen, Interaktionen, Strategien und Taktiken, Konsequenzen*[14].

Theoretische Notizen
Bedingungen: Weshalb ist diese Familie an den Dorfrand gezogen? Hat sie das Haus selbst erbaut, gemietet, gekauft? Angenommen, sie hat es selbst gebaut (ich spiele aus Platzgründen nur diese Option durch): *Gab es andere Wahlmöglichkeiten? Warum bauen sie nicht im Ortskern, im Neubaugebiet zusammen mit den anderen, in einem ganz anderen Ort? Heißt das:* Im Ort bleiben wollen sie nicht, aber weggehen können sie auch nicht?[15] *Mir fällt ein Foto einer kleinen Gemeinde in Österreich ein: „...und noch weiter vorn einsam und gemieden das Haus, das früher die Salzburger Henker bewohnt haben"* (Rittlinger 1960, Bildunterschrift gegenüber S. 64): *Sind die Dittrichs* AUSSENSEITER IM DORF?

Interaktionen: Wer hat entschieden, daß das Haus dort gebaut wird? Wurde der Platz zugewiesen (in diesem Falle: DIE FAMILIE WIRD ZUM AUSSENSEITER GEMACHT), *oder wurde er gekauft bzw. war er schon im Besitz der Familie? Wer hat sich durchsetzen können, welche Alternativen wurden verworfen? Wie gehen die Leute aus dem Dorf mit denen um, die am Rand wohnen? Und umgekehrt?*

Strategien und Taktiken: Angenommen, die Hypothese AUSSENSEITER IM DORF *stimmt: wie gestalten sich dann die Beziehungen der Dittrichs zum Dorf? Wen nennt man „Nachbar"? Wer nennt die Dittrichs „unsere Nachbarn"? Wenn der Ferienort als Ferienort seine Bekanntheit auch von den Fachwerkbauten bezieht: Wollten die Dittrichs mit dem Schlichtbau sich auch so vom Dorf abgrenzen?*

Konsequenzen: Es ist ein Unterschied, ob eine Familie in einer Stadt oder in einem Dorf lebt. Für das Dorf sind Face-to-face-Beziehungen aller mit allen typisch. Wer sich zum Außenseiter macht, ist so Außenseiter in den Augen aller. *Beziehungen im Dorf sind dann immer gerahmt als „Beziehungen zu den Dittrichs, die hier Außenseiter sind". Dies gilt auch, wenn die Dittrichs sich nicht selbst zu Außenseitern gemacht haben, sondern dazu gemacht wurden. Aber: Kann man überhaupt trennen* zwischen „SICH ZUM AUSSENSEITER MACHEN" und „ZUM AUSSENSEITER GEMACHT WERDEN"? *Außenseiter ist das Ergebnis einer wechselseitigen sozialen Definition (Becker 1963).*

Aus der Lage des Hauses der Familie Dittrich entwickeln wir demnach die riskante Hypothese[16] (Strauss würde hierfür den Begriff *Konzept* verwen-

---

12 Ich empfehle Ihnen, zur Übung die anderen Passagen selbst zu analysieren.
13 Im Stil der Objektiven Hermeneutik eine Sequenzanalyse eines Beobachtungsprotokolls durchzuführen erweist sich als problematisch, da dessen sequentielle Organisation in der Regel das Produkt des Autors dieses Protokolls ist.
14 Eine erheblich umfangreichere Kodierliste legt B. Glaser vor. Er nennt insgesamt 18 „Kodierfamilien" (Glaser 1978, S. 73-82). Die Trennung z. B. zwischen Bedingungen und Konsequenzen ist nur analytisch sinnvoll, so können Konsequenzen zu Bedingungen werden etc.
15 Im folgenden werden alle Hypothesen in Kapitälchen geschrieben.
16 Ich stelle den Gang dieser Fallstudie vor, nachdem sie längst abgeschlossen worden ist. Nun könnte man einwenden, daß das Ergebnis der Fallstudie in der zu didaktischen Zwecken aufbereiteten Darstellung bereits in die ersten Analysen Eingang fin-

den), DAß ES SICH BEI DER FAMILIE DITTRICH UM EINE AUßENSEITER-FAMILIE HANDELT, WOBEI WIR EINE WECHSELBEZIEHUNG ZWISCHEN „SICH ZUM AUßENSEITER MACHEN", D. H. SICH VOM DORF ABGRENZEN, UND „ZUM AUßENSEITER GEMACHT WERDEN" ANNEHMEN.

Vielleicht sagen Sie nun aus Kenntnis des gesamten Beobachtungsprotokoll-Ausschnitts heraus: „Aber es ist doch klar, die Dittrichs sind Außenseiter, weil ihr Sohn Frank psychisch krank ist." Da wir aber kontextfrei analysieren, kennen wir diese Passage noch gar nicht (selbst wenn wir sie selbst geschrieben haben, denn wir haben dies bereits wieder – in einer gedanklichen Anstrengung – vergessen). Außerdem würde uns diese Äußerung von Frau Dittrich möglicherweise auf eine falsche Fährte lenken, indem wir folgende Frage nicht mehr stellen, wenn wir Frau Dittrich wörtlich nehmen: Was war denn, *bevor* Frank Dittrich als „psychisch krank" bezeichnet wurde?

Methodische Notizen
Nach der Geschichte des Hauses fragen! Den Entscheidungsprozeß beim Hausbau erkunden! Nach dem Verwandtschafts- und Bekanntschaftsnetzwerk im Dorf fragen!

Sie haben gesehen, daß die Einträge in der Spalte *Theoretische Notizen* vor allem in Form von Fragen formuliert worden sind, wenn am Ende auch eine starke hypothetische Aussage steht. In der Spalte *Methodische Notizen* werden diese Fragen nun umformuliert in Anweisungen für spätere, möglichst für die nächst folgenden Beobachtungen.

Abschließende Bemerkungen

Es dürfte anhand der Analyse dieser kurzen Passage aus dem ersten Beobachtungsprotokoll deutlich geworden sein, daß die Verknüpfung von Datenerhebung und Datenanalyse zügig zur Bildung von Hypothesen führt, die nun getestet werden können. In einem ersten Schritt kann eine falsifikatorische Strategie eingeschlagen werden: Sie suchen systematisch nach Gegenbelegen, von denen nur ein einziger ausreicht, um Ihre Hypothese zu verwerfen. Daher gilt es nun, nach Hinweisen zu suchen, die auf eine Integration der Familie Dittrich im Dorf schließen lassen. Solche Hinweise finden wir schon im vorliegenden Beobachtungsprotokoll: In der Küche sitzt ein Gast.

---

det, die Argumentation mithin zirkulär ist. Um dies nach Möglichkeit zu verhindern, habe ich in einem Methodenseminar mit Studierenden des Grundstudiums im Sommersemester 1998 diesen Fall noch einmal von vorne aufgerollt und das Analysieren den Studierenden überlassen, die bei der Analyse der fraglichen Stelle aus dem ersten Beobachtungsprotokoll selbst auf diese Hypothese gekommen sind.

4. Das familiengeschichtliche Gespräch I

a) Zum Stellenwert des familiengeschichtlichen Gesprächs in der fallrekonstruktiven Familienforschung

In der fallrekonstruktiven Familienforschung hat das familiengeschichtliche Gespräch *forschungsstrategisch* eine zentrale Bedeutung. Die Beteiligten berichten nicht nur über die spezifische Wirklichkeit dieser Familie, sondern sie konstruieren und modifizieren sie im Verlaufe des Gesprächs [17]. Dabei kommen Aspekte familienspezifischer Weltsichten zum Ausdruck, die den Alltag dieser Familien durchgängig strukturieren. Daraus lassen sich vier Konsequenzen für die Bedeutung des familiengeschichtlichen Gesprächs in der fallrekonstruktiven Familienforschung ableiten:

(1) Die Aufgabe des gemeinsamen familiengeschichtlichen Erzählens spricht die Familie als *Erzählgemeinschaft* an. Mit Schapp (Schapp 1976) sind wir der Auffassung, daß Sinnzusammenhänge des menschlichen Lebens geschichtenförmig organisiert sind, und wir nehmen des weiteren an, daß diese Geschichten eine doppelte Struktur haben: Sie bewahren, indem sie Erlebtes in einen sinnhaften Zusammenhang bringen. Sie schaffen aber auch Neues, indem sie die Tendenz haben, über das Bewahrende hinauszuweisen (Hildenbrand 1990).

(2) Über das familiengeschichtliche Erzählen finden wir Zugang zu den im kollektiven Gedächtnis der Familie (Halbwachs 1966) bewahrten routinehaften Handlungs- und Orientierungsmustern.

(3) Es kann nicht erwartet werden, daß Familien ihre Geschichte als eine kohärente, konsistente Einheit erzählen. Jedoch gehören in der Regel einzelne Geschichten, die immer wieder erzählt werden, zu dem Gerüst, an dem sich Familien in aktuellen Deutungs- und Entscheidungssituationen orientieren[18].

(4) Familiengeschichtliches Erzählen fördert jedoch nicht nur Orientierungs- und Handlungsmuster zutage. Erzählen als gemeinschaftliche Aufgabe bedingt gemeinsames Handeln. Das familiengeschichtliche Erzählen stellt

---

17 Flick benutzt dafür, in Anlehnung an Ricoeur, den Begriff der Mimesis (Flick 1995, S. 47ff.). Für die folgenden Ausführungen ist als Hintergrund und Vertiefung das gesamte Kapitel „Verbale Daten" in dem erwähnten Band lesenswert.

18 Das Vermögen von Familien bzw. von Familienangehörigen, familienbezogene Geschichten zu erzählen, ist gleichzeitig ein Maß ihrer sozialen Integration. Bohnsack hat z. B. die Erfahrung gemacht, daß Hooligans – im Kontrast zu Jugendlichen aus der Musikszene – kaum in der Lage sind, von ihrer Familie zu erzählen. Ursache dafür scheint nicht zu sein, daß diese Jugendlichen sich reflexiv auf Distanz zu ihrer Familie gebracht haben, sondern der Umstand, daß in diesen Familien keine Geschichten erzählt werden – und das hat erhebliche Konsequenzen für das Selbst- und Weltverständnis dieser Jugendlichen (Bohnsack u. a. 1995). Ich selbst konnte in Fallstudien von Skinheads diese Überlegungen bestätigt finden.

gewissermaßen ein Experiment dar, dessen Daten zur Analyse der aktuellen Interaktionsmuster der jeweiligen Familie benutzt werden können.

b) Erheben und Verschriften

Erheben. Der Idealfall bestünde darin, Familiengeschichten dort zu erheben, wo sie ihren Sitz im Alltag haben: Bei Zusammenkünften anläßlich von Hochzeiten und Beerdigungen, bei Geburtstagen zum Beispiel. Jedoch werden Sie nicht die Zeit haben, diese Situationen abzuwarten, und wenn Sie diese Zeit hätten, dann wäre noch die Frage, ob Sie zu diesen Gelegenheiten zugelassen würden bzw. dies wollten. Wir haben die Erfahrung gemacht, daß auch in Familiengespräche, die zu soziologischen Untersuchungszwecken geführt werden, solche Familiengeschichten wie selbstverständlich einfließen. Voraussetzung dafür ist, daß Sie als interessierte Fremde zuhören und sich am Gespräch beteiligen in dem Maße, wie dies von jedem Fremden erwartet wird, der neugierig eine Familie in ein Gespräch verwickelt. Vor allem sollten Sie darauf verzichten, einen Interviewleitfaden mit sich zu führen, den Sie Punkt für Punkt abhaken. Denn dieser Leitfaden bietet die sichere Gewähr dafür, auftauchende Geschichten sofort wieder zum Verschwinden zu bringen[19]. Im einzelnen gehen wir bei der *Datenerhebung* so vor:

(1) Das Familiengespräch findet bei der Familie zu Hause statt. Es sollen möglichst alle zum Haushalt gehörenden Personen anwesend sein. Hier kann man seine Überraschungen erleben: Manche Familienmitglieder fehlen, weil sie vom Gespräch nicht informiert wurden, weil sie bewußt ausgeschlossen wurden oder weil sie nicht kommen wollten. Manchmal erscheinen auch Personen, die man nicht erwartet hätte. Wie auch immer: Betrachten Sie die Zusammensetzung der Personen, auf die Sie zum Zeitpunkt des vereinbarten Gesprächstermins treffen, als Ausdruck dieser Familienwelt, der zu interpretieren ist, und nicht als Störfaktor.

Dazu ein Beispiel: In das Gespräch mit der Familie Hahn (Hildenbrand u.a. 1992), dessen Zeitpunkt auf den Rhythmus bäuerlicher Familien abgestimmt war (am Samstagnachmittag nach getaner Arbeit bei Kaffee und Hefekuchen), „platzten" Besucher aus der nahe gelegenen Großstadt, die – mit Blick auf das Aufnahmegerät – fragten, ob hier der Landfunk zu Gast sei. Ohne weitere Umstände setzten sie sich an den großen Tisch, die bereits Anwesenden rückten bereitwillig zusammen. Es ergab sich rasch, daß die für uns, die Interviewer, unerwarteten Besucher oft zu dieser Zeit die Hahns besuchen und daß dies zum Leben der Familie Hahn dazu gehört. Familie ist eben nicht das, was im Familienstammbuch als Familie eingetragen ist oder was zeitströmungsspezifisch für Familie gehalten wird. Familie ist ein Milieu, dessen Grenzen fallspezifisch sind.

---

19 Ich habe einmal das Experiment gemacht, ein familiengeschichtliches Gespräch mit dem Erfragen von familiengeschichtlichen Daten zu beginnen, hoffend, die Familie würde schon von sich aus zu diesen Daten Geschichten erzählen. Dieses Interview ist gründlich mißlungen.

(2) Wenn es *die* Familiengeschichte nicht gibt, dann kann man auch nicht nach ihr fragen. Daher fragen wir nach „Geschichten aus der Familie". Gegen beide Vorgehensweisen, sowohl gegen die Frage nach *der* Lebens- oder Familiengeschichte als auch gegen die Frage nach Familiengeschichten, wendet Oevermann[20] ein, daß diese unsoziologisch seien, da sie keine Kommunikationspraxis stifteten. Er bezieht sich insbesondere auf die Anleitungen Schützes zum „narrativen Interview", denen zufolge der Interviewer sich erst einmal zurückhalten und die befragte Person erzählen lassen solle, damit sich der Eigensinn der Erzählung entfalten kann. Oevermann zieht es vor, als neugieriger Fremder aufzutreten und Fragen zu stellen.

Überträgt man dies auf die Studie der Familie Dittrich, dann hätte man mit der Frage beginnen können, wie denn das Haus auf die Wiese gekommen sei. Damit hätte man direkt an einer anhand der Analyse des ersten Beobachtungsprotokolls entwickelte Strukturhypothese anschließen können.

Jedoch kommt es trotz der Einwände Oevermanns im Anschluß an unseren Eingangsstimulus in der Regel zu einem gelungenen Interview, so daß die von Oevermann grundlagentheoretisch aufgeworfene Frage forschungspraktisch weniger bedeutsam ist.

(3) Familien haben ihre eigenen Beweggrunde, in ein Gespräch mit Forschern einzuwilligen. Diese müssen ernst genommen werden, und die Familie muß die Chance haben, darüber zu sprechen, und zwar zu einem selbst gewählten Zeitpunkt. Dazu wiederum ein Beispiel:

Bei der Familie Dittrich konnte zunächst die in unserem Forschungsprojekt übliche Eingangsfrage nach Geschichten aus der Familie nicht gestellt werden, denn im Anschluß an das erste, vorbereitende Gespräch hatten sich die Dittrichs Gedanken gemacht über unser Forschungsanliegen, die nach Beantwortung verlangten. Vater Dittrich wollte z. B. wissen, ob wir Ahnenforschung betreiben würden. Mutter Dittrich sprach von ihren Zukunftssorgen: Was würde sein, wenn sie nicht mehr leben und Frank nicht mehr versorgen können?

Dieser Interviewanfang ist für folgendes instruktiv: Wenn Sie eine Familie aufsuchen, um mit ihr im Zusammenhang mit einem Forschungsvorhaben ein Interview durchzuführen, dann treffen Sie immer eine Familie in einer je spezifischen Lebenslage, mit spezifischen Sorgen, Hoffnungen und Nöten an. Wenn Sie nun Ihr Programm unbeeindruckt davon durchziehen, weil Sie glauben, Sie müßten dies im Dienste von Vergleichbarkeit und Objektivität tun, dann werden Sie dieser Familie nicht gerecht: Sie lassen es am nötigen Respekt vor den Forschungssubjekten fehlen, das ist ein ethisches Problem. Des weiteren sinkt der Grad der Bereitschaft, aus der Familiengeschichte zu erzählen und damit möglicherweise recht Intimes anzusprechen, deutlich, wenn die Untersuchten den Eindruck haben, wie Ratten in einem Laborexperiment behandelt zu werden.

---

20 Auf der 6. Jahrestagung der Arbeitsgemeinschaft Objektive Hermeneutik e.V., Frankfurt, 26.9.1998.

(4) Am Schluß des Gesprächs können Sie jene Sozialdaten der Familie und ihrer Geschichte gezielt nachfragen, die während des Gesprächs nicht genannt worden sind oder die Sie im Eifer des Interviews nicht behalten konnten (zumal ich, wie erwähnt, nicht empfehle, daß Sie sich während des Gesprächs Notizen machen, denn dies lenkt Ihre Aufmerksamkeit ab und verstärkt bei der Familie den Eindruck, beobachtet zu werden). Ziel dieser Nachfragen ist, im Anschluß an das Gespräch (zu Hause) ein *Genogramm* (dazu weiter unten) zu erstellen.

Im Anschluß an das Gespräch fertigen Sie (oder Ihre Kollegin bzw. Ihr Kollege) ein Beobachtungsprotokoll an, das Angaben zu folgenden Punkten enthält: Sitzordnung, Einrichtung des Raumes, in dem das Gespräch stattfand, welche Bücher im Bücherschrank stehen, welche Bilder an der Wand hängen, Wandsprüche, nonverbale Äußerungen während des Gesprächs wie Aufstehen und Herumgehen, Sitzpositionen verändern etc.

Verschriften (Transkribieren). Interviews, die Sie auf Tonband aufgenommen haben, sollten Sie sorgfältig transkribieren. Nur so können Sie die Sequentialität der Produktion und Reproduktion sozialer Wirklichkeit im Gespräch adäquat erfassen.

Die Frage ist, „wie diese immer in der Zeit sich realisierenden Prozesse in ihrer Momentan- und Ereignishaftigkeit festgehalten und damit der Analyse zugänglich gemacht werden können" (Bergmann 1985, S. 303)[21]. Hier haben die modernen Möglichkeiten der Aufzeichnung und Konservierung von Ton und Bild erst die technischen Voraussetzungen dafür geschaffen, das methodologische Postulat der Sequenzanalyse umfassend einzulösen.

Transkribiert wird so, daß nicht nur das, *was* gesprochen wird, erfaßt wird, sondern auch, *wie* gesprochen wird. Dies erhöht die Interpretationsmöglichkeiten, z. B. hinsichtlich der interaktiven Entwicklung des Gesprächs. Folgende Transkriptionssysmbole schlage ich vor:

[	Überlappen von Redebeiträgen
(,)	kurzes Absetzen
(.)	Pause, pro Punkt 1/4 sec.
(4)	längere Pause, Dauer in Sekunden
=	schneller Anschluß an einen vorangegangenen Redebeitrag
normal	Betonung
(-)	Stimme in der Schwebe
(!)	Stimme heben
.	Stimme senken
(?)	Frageintonation
( )	unverständlich

---

21 Für die gründliche Beschäftigung mit der hier angesprochenen Frage sei dieser Aufsatz nachdrücklich empfohlen.

(von der)   unklare Transkription
((lacht))   Kommentar des Transkribenten
+   Ende der von der Transkribentin kommentierten Passage

Ihre Interviews sollten Sie selbst verschriften und diese Arbeit nicht Hilfs-
kräften übertragen, da die Qualität Ihrer Analyse entscheidend von der Qualität Ihrer Daten abhängt. Da aber Transkribieren eine zeitaufwendige Tätigkeit ist und meist nicht ein gesamtes Interview in dem Detaillierungsgrad
analysiert werden muß, den eine gründliche Transkription ermöglicht, reicht
es für den Anfang, wenn Sie die Eingangssequenz gründlich transkribieren,
dann eine Grobtranskription des gesamten Interviews herstellen und später
ausgewählte Sequenzen detailliert verschriften[22].

c) Analyse der „objektiven Daten" (Genogrammanalyse)

Die Analyse der „objektiven Daten" (im folgenden Genogrammanalyse genannt) kann, muß aber nicht als nächster Arbeitsschritt erfolgen. Sie können
auch zunächst die Eingangssequenz analysieren und so gleich von der müh-
samen Arbeit des Verschriftens profitieren. Sie können auch, um mit Hand-
werklichem fortzufahren, bevor Sie Ihre Inspiration bemühen müssen, das
verschriftete Interview nach Themen einteilen (vgl. dazu weiter unten).
Nehmen wir aber einmal an, Sie fahren mit der Genogrammanalyse fort.

Das Genogramm ist ein graphisches Hilfsmittel, um zentrale lebens- und
familiengeschichtliche Daten über mehrere Generationen hinweg zu rekonstruieren und so zu einer Fallstrukturhypothese zu gelangen, die beschreibt,
wie die jeweilige Familie in der Dialektik von Autonomie und Heteronomie
immer wieder Entscheidungen als geordnete (= strukturierte) und zukunftsof-
fene zugleich hervorbringt.

Genogrammanalysen finden vorzugsweise in einer *Gruppe* statt, denn
der Prozeß gemeinsamen Analysierens steigert die Variablität beim Erkunden
der oben erwähnten objektiven Möglichkeiten des Handelns von Individuen
oder Familien. Die in der Regel drei bis vier Stunden dauernde Analyse, an
deren Ende eine integrierte, das heißt in sich schlüssige *Fallstrukturhypothese* steht, wird auf Tonband aufgenommen und von der Forscherin, die den
Fall bearbeitet, ausgearbeitet. Wichtig ist dabei, die in der Analyse des Beobachtungsprotokolls vom ersten Besuch in der Familie Dittrich gewonnenen
Hypothesen zunächst einmal zu „vergessen", d. h. auszublenden. Im nächsten
Schritt werden dann die beiden Hypothesenkomplexe (jener aus der Analyse

---

22 Das familiengeschichtliche Gespräch mit den Dittrichs umfaßt 53 Seiten detaillierter
    Transkription. Pro Seite muß bei einem einfach zu transkribierenden Material (gute
    Aufnahmequalität, wenig Sequenzen, an denen mehrere Sprecher durcheinander
    sprechen) mit mindestens einer Stunde Arbeit gerechnet werden.

des Beobachtungsprotokolls und der aus der Genogrammanalyse) miteinander verglichen. Auf dieser Basis wird eine erste integrierte Fallstrukturhypothese formuliert.

Um einen Punkt aus Kapitel I zu wiederholen: Wenn wir hier von einer *Hypothese* sprechen, dann hat das einen doppelten Grund: *Erstens* möchten wir damit vermeiden, der Annahme auf den Leim zu gehen, mit dieser anhand des Genogramms gewonnenen Fallstrukturhypothese sei der Fall erschlossen. Es bedarf weiterer verdichtender Analysen an weiterem Datenmaterial. Dazu gehören das familiengeschichtliche Gespräch, weitere Interviews, die Beobachtungen sowie Dokumente. *Zweitens* soll der Irrtum vermieden werden, bei einer Fallstrukturhypothese handele es sich um einen Determinismus: Familien müssen nicht der Fallstrukturhypothese getreu handeln. Dialektik von Autonomie und Heteronomie bedeutet in der fallrekonstruktiven Familienforschung, daß Familien strukturiert handeln, daß sie aber auch Strukturen transformieren können – dies allerdings geschieht wiederum nicht beliebig, sondern strukturiert[23].

In einem ersten Arbeitsschritt werden möglichst interpretationsfreie[24], „objektive" Informationen über genogrammrelevante Daten (Geburten, Heiraten, Scheidungen, Todesfälle, religiöse Orientierungen und Wechsel dieser Orientierungen, Berufswahlentscheidungen, Umzüge, besondere Lebensereignisse etc.) aus dem familiengeschichtlichen Gespräch herausgezogen und sequentiell analysiert, ohne dabei bereits bekanntes Wissen über die Familie (z. B. solches aus der Analyse des ersten Beobachtungsprotokolls) als Kontextwissen heranzuziehen.

Bei der sequentiellen Analyse des Genogramms entwerfen wir für die mit den Daten bezeichneten Stationen der Entwicklungsgeschichte der Familie die nach Maßgabe der fraglichen Zeit, des fraglichen regionalen Milieus, der Familienkonstellation etc.[25] objektiv gegebenen Entscheidungsspielräume und vergleichen diese (Schritt für Schritt, ohne vorzugreifen) mit den tatsächlich getroffenen Entscheidungen. Dabei können wir bei Ego (das wäre im Fall der Familie Dittrich: Frank) beginnen und in der Generationenfolge rückwärts schreiten; oder wir gehen so weit zurück in der Generationenfolge, wie Daten vorliegen, und arbeiten uns bis zu Ego vor. Die erste Option führt rascher zu einer Fallstrukturhypothese als die zweite, dafür führt die zweite Option zu dichteren Hypothesen über die milieuweltlichen Gegebenheiten einer Familie in ihrer Geschichte.

---

23 Vgl. dazu ausführlich Oevermann 1991.

24 Von Garfinkel wissen wir, daß in Krankengeschichten auch so augenscheinlich „harte" Daten wie Alter, Familienstand, Ethnie, Beruf etc. höchst unzuverlässig berichtet werden (Garfinkel 1984, S. 187). Mit der Objektivität ist es daher so eine Sache, daher stehen die „objektiven Daten" immer in Anführungszeichen.

25 Hier kann die „Bedingungsmatrix" i. S. von Strauss (Strauss 1993, S. 157f., Corbin und Strauss 2004, S. 132) als Orientierungsrahmen herangezogen werden.

Die Analyse des Genogramms der Familie Dittrich

Nun also zur Genogrammanalyse bei der Familie Dittrich. Diese geschieht, wie gesagt, kontextfrei: Es wird jeweils nur das Datum analysiert, das zur Analyse vorliegt, und erst, wenn es ausgedeutet ist, wird im nächsten Schritt nachgesehen, wie die Familie bzw. einzelne Familienangehörige tatsächlich gehandelt haben[26]. Um Platz zu sparen, beschränke ich mich bei der Erkundung der „objektiven Möglichkeiten" auf das Nötigste.

Vorerst mache ich auch keinen Gebrauch von den Informationen, die ich anläßlich eines Besuchs im Heimatmuseum der Großgemeinde, der Eisental angehört, erhielt. Ich werde darauf im Abschnitt „Dokumentenanalyse" zurückkommen. Soviel kann aber jetzt schon gesagt werden: Zu einer gründlichen Fallrekonstruktion einer Familie gehört, nicht nur die Daten zu verarbeiten, die während des familiengeschichtlichen Gesprächs gewonnen werden. Zwar werden in einem ersten Schritt der Genogrammanalyse genau jene Daten analysiert, die die Familie selbst berichtet hat. Dabei bedienen Sie sich der Ressourcen, die Ihnen während der Analyse zur Verfügung stehen und die Sie methodisch kontrolliert einführen: Ihr soziologisches Wissen, Ihr alltags weltliches Wissen von einer Landschaft, einem Milieu etc. Hilfreich ist es auch, in der Region, in der eine von Ihnen untersuchte Familie wohnt, eine Radtour oder eine Wanderung zu unternehmen[27]. Gute Dienste leistet im ersten Analysedurchgang auch ein ausführliches Lexikon, z. B. der Brockhaus[28], sowie eine Straßenkarte der fraglichen Gegend im Maßstab 1:200 000 oder noch detaillierter.

Daten und Analysen werden dann zum Ausgangspunkt dafür genommen, zu erkunden, welche weiteren Informationen die Familie hätte geben *können*. Daran schließen sich in einem zweiten Schritt zwei weitere Aufgaben an: (1) Fehlende Daten werden eingeholt, und zwar dort, wo sie zu gewinnen sind. Also nicht nur bei der Familie, sondern in Archiven, regional- und sozialgeschichtlichen Studien, aktuellen sozialstatistischen Übersichten etc. (2) Es wird gedeutet, weshalb die fehlenden Daten der Familie nicht präsent sind. Nach dem Prinzip *„order at all points"* handelt es sich nämlich um einen strukturierten Akt des Vergessens bzw. Nicht-Erwähnens, der selbst gedeutet werden kann.

Nun zur Darstellung von „objektiven Daten". Sie können diese als Genogramm („Stammbaum") graphisch darstellen (vgl. Abb. 1 im Anhang) und dieses analysieren. Um die kontextfreie Analyse zu erleichtern, empfiehlt es sich in diesem Fall, die jeweils nächsten Informationen abzudecken. Sie können aber auch die Ihnen vorliegenden „objektiven Daten" sequentiell auftei-

---

26 Daher finden Sie das vollständige Genogramm dieser Familie, soweit wir es erhoben haben, nicht hier, sondern im Anhang S. 86 (Abb. 1).

27 Auch hieran wird deutlich, daß ich fallrekonstruktive Familienforschung als Ethnographie verstehe.

28 Inzwischen gibt es auch gute Lexika auf CD-ROM, incl. Landkarten.

len und dann Abschnitt für Abschnitt analysieren. Diese Form habe ich hier gewählt.

Ein letztes Wort zur Bewegungsrichtung der Analyse. Sie können bei Ego, in diesem Fall bei dem als schizophren diagnostizierten Sohn Frank, beginnen und dann mögliche Familienkontexte seiner Identitätsentwicklung entwerfen, also sich in der Familiengeschichte nach rückwärts bewegen. Oder Sie gehen so weit zurück, wie Daten vorliegen, und arbeiten sich bis Ego vor. Ich ziehe letztgenannte Variante und nehme in Kauf, mehr an Material zu analysieren, als für die Rekonstruktion der aktuellen Familienstruktur erforderlich ist.

Ca. 1850 wird der Urgroßvater von Frank Dittrich, wir nennen ihn Paul, geboren. Er heiratet ca. 1880 in einen Bauernhof in Eisental ein, der ca. 65 Morgen groß ist. Davon sind ca. 40 Morgen Wald sowie 25 Morgen Ackerland und Wiese. Eisental ist ein kleines Dorf mit ca. 250 Einwohnern, in einem rauhen Mittelgebirge gelegen.

Was bewegt Paul Dittrich 1880, nach Eisental zu ziehen? Aus welcher Lebenssituation heraus wird er diese Entscheidung getroffen haben, welche anderen Wahlmöglichkeiten hat er gehabt, aber verworfen, und worauf ließ er sich ein, als er nach Eisental zog?[29]

Die Gegend, aus der Paul Dittrich stammt, ist agrarisch strukturiert und Anerbengebiet. Das heißt, daß die Höfe ungeteilt vererbt werden, und zwar an den ältesten Sohn. Den nicht erbenden Söhnen[30] bleibt in der Regel nur die Möglichkeit, auf dem Hof als Knecht zu bleiben, auf einen anderen Hof einzuheiraten und, bis es soweit ist, in den Gesindestatus einzurücken, oder als Arbeiter – es ist die Zeit der verstärkten Industrialisierung – in die Stadt zu gehen.

Um 1880 sind die Zeiten für Eisental und seine Bewohner ungünstig. Das läßt sich daran ablesen, daß sich damals die Zahl der Schulkinder in Eisental innerhalb weniger Jahre fast halbiert hat, weil ihre Familien nach Übersee aus- oder in die Industriezentren abwanderten. Eisental ist darüber hinaus landwirtschaftlich benachteiligt, die Böden sind schlecht. Wegen ihrer geringen Wasserhaltekraft kommt es in trockenen Jahren regelmäßig zu Dürreschäden.

Paul Dittrich verwirft die Möglichkeit, auf dem elterlichen Hof zu bleiben und damit Abhängiger seines Bruders zu werden. Er geht auch nicht ins Dorfhandwerk oder wandert in die Stadt ab. Er wird selbständig als eingeheirateter Bauer. Der Hof, in den er einheiratet, ist mit ca. 15 ha damals durchaus von der Größe her in der Lage, eine Familie zu ernähren, er gehört jedoch nicht zu den großen, alten Höfen im Dorf. Das Bauernhaus wurde im 19. Jh. neu errichtet und ist eher klein. Immerhin wird Paul nun selbständiger Bauer, nicht traditional Abhängiger, aber auch nicht modern Abhängiger (als

---

29 Kenntnisse der Sozialgeschichte der (in diesem Fall: bäuerlichen) Familie und ihrer Variationen erleichtern die Hypothesenbildung und sind unverzichtbar. Vgl. die Literaturempfehlungen in Kap. V.

30 Auf die Töchter brauche ich in diesem Fall nicht einzugehen, das ergibt sich aus der Fallspezifik.

Arbeiter). TRADITIONALE SELBSTÄNDIGKEIT, WENN AUCH UM EINEN HOHEN PREIS (wegen der Dürftigkeit des Einkommens auf dem Hof, in den er einheiratet) ist das Muster, das wir der Biographie von Paul unterlegen.

Otto Dittrich ist eines der sieben Kinder dieser Familie. Er wird vom 14. Lebensjahr an Fabrikarbeiter in verschiedenen Großstädten, darunter in Bremen und Hamburg. Später übernimmt er den Hof seiner Eltern, heiratet und hat mit seiner Frau neun Kinder.

Otto realisiert zunächst eine der Optionen, die sein Vater verworfen hat. Er orientiert sich weit über die Grenzen seines Heimatdorfes hinaus und kommt herum. Man kann sogar vermuten, daß es ihn in die großen Hafenstädte gezogen hat, um die Möglichkeit einer Auswanderung zu erkunden. Danach allerdings kehrt er wieder auf den Hof zurück, um ihn zu übernehmen (vermutlich, aber das wissen wir nicht, war er der älteste Sohn und damit der erste in der Erbfolge). Familienstrukturell bedeutet dies, daß die Bindung an den Hof sich als stärker erweist als die Möglichkeiten, die die Stadt, die Industrie, ggf. auch die Auswanderung eröffnen.

Otto Dittrich beginnt einen Wanderhandel mit Kleineisenwaren, die in der Umgebung von Eisental produziert werden. Er kommt auf seinen Reisen bis Bayern, Baden und Schlesien. Preußen meidet er wegen der dortigen strikten Steuergesetze.

Die traditionale Bindung an den Hof ist ein Aspekt der biographischen Entwicklung von Otto Dittrich, und es ist der Aspekt, der der Struktur seiner Familie entspricht. Hinzu tritt nun eine Weltläufigkeit der Handlungsorientierung. Sie reicht über die Grenzen des Hofes und des Heimatortes hinaus und bricht auch nicht ab, als er den familienstrukturellen Vorgaben folgt und nach Hause zurückkehrt, um dort die Position des Bauern zu übernehmen. Diese Weltläufigkeit wird darüber hinaus zum Garanten des Weiterbestehens des Hofes – immer schon an der Subsistenzgrenze, kann er nun als Hof erhalten werden, da Geld aus dem Wanderhandel zufließt. Hier zeigt sich ein minimaler Kontrast zur Familie Berger (Hildenbrand u. a. 1992, vgl. Kap. IV), die wir dem Typus der „traditionalen Bauernfamilien an der Rentabilitätsgrenze" zurechnen. Der minimale Kontrast bezieht sich auf zwei Aspekte: Zum einen auf den Traditionsbruch, denn es war damals in Eisental nicht üblich, daß Bauern auf Wanderhandel gingen – dies war den statusniedrigeren Knechten vorbehalten. Wir nennen dies TRADITIONSERHALTUNG DURCH TRADITIONSBRUCH[31]. Zum anderen bleibt die Mentalität des selbständig wirtschaftenden Vollerwerbsbauern beibehalten, obwohl es sich bereits um einen „verkappten" Nebenerwerb und damit um eine Strukturtransformation des Hofes handelt, dem hier allerdings ein Wandel in der Mentalität (den Weltauffassungsstrukturen) nicht nachfolgt. In der Generation von Otto deutet sich damit eine Krise an: die des VERZÖGERTEN STRUKTURWANDELS DER

---

31 In unseren Untersuchungen „normaler" Bauernfamilien konnten wir zeigen, daß diese paradoxe Figur eine Grundbedingung für das Bestehen bäuerlicher Familien im Modemisierungsprozeß ist. Vgl. Hildenbrand et al. 1992.

FAMILIENFORM. Vorerst gehen wir jedoch vom Konzept der WELTOFFENHEIT BEI STARKER TRADITIONALER VERANKERUNG als dem Muster aus, das die Biographie von Otto Dittrich kennzeichnet.

Otto Dittrich schickt seine beiden ältesten Söhne, darunter auch den Vater von Frank Dittrich, der 1906 geboren ist und den wir Wilhelm nennen, auf das Realgymnasium in der benachbarten Kreisstadt. Wegen des langen Schulwegs wird für die Söhne in der Kreisstadt im Winter ein Zimmer angemietet.

Hier tritt nun die Komponente der Weltoffenheit in den Vordergrund. Otto Dittrich folgt zwar noch dem alten bäuerlichen Muster, aber für seine Söhne (der Zeit und der bäuerlichen Welt entsprechend, nicht für die Töchter) bereitet er eine Strukturtransformation vor. Dazu kommt ein weiteres: In den Bauerndörfern hatte damals die Schule einen schweren Stand. Sie mußte sich den Rhythmen der bäuerlichen Lebenswelt unterordnen: Wenn Ernte war, mußten die Kinder dem Hof zur Verfügung stehen. So ist es um so erstaunlicher, daß zwei Kinder der Dittrichs ihren Weg in das 10 km entfernte Realgymnasium finden. Erstaunlich aus folgenden Gründen: (1) Sie fallen damit aus den im Dorf üblichen Karrieremustern völlig heraus und werden zu Außenseitern. (2) Als Arbeitskräfte stehen sie dem Hof nur noch sehr eingeschränkt zur Verfügung, allein der Schulweg dürfte täglich insgesamt 3 Stunden in Anspruch genommen haben, im Winter waren sie über längere Zeit von zu Hause abwesend. (3) Auch den Altersgenossen im Dorf entfremden sie sich. (4) Jedoch sind sie auch Fremde für ihre Schulkameraden, für die die Bauernsöhne einigermaßen Exoten gewesen sein dürften. Kurz: Die beiden Dittrich-Söhne sind FREMDE AM SCHULORT, aber auch zunehmend FREMDE IM EIGENEN DORF. In der Konsequenz heißt das, daß sie in bezug auf ihr affektives Erleben sowie in bezug auf ihre Handlungs- und Orientierungsmuster sowohl in der Stadt als auch im Dorf und innerhalb der Familie, v.a. im Geschwistersystem, Außenseiter sind und daß kaum ein Bereich übrig ist, der ihnen vertraut bleibt.

Aufstieg über Bildung ist ein modernes, individualisierendes Muster, und es ist ein Muster, das kompatibel ist mit der Situation des Hofes der Dittrichs: Als kleiner Hof, konfrontiert mit ca. zehn mächtigen, alten Höfen, kaum lebensfähig, unterhalten durch die Einkünfte eines wandernden Händlers, dessen Weltoffenheit von den Alteingesessenen vielleicht als bedrohlich empfunden wird, der dazu vielleicht durch Arroganz beiträgt, gerät dieser Hof samt der Familie in eine Situation, in der der TRADITIONALE INDIVIDUALISMUS VON BAUERNHÖFEN ZUNEHMEND ERSETZT WIRD DURCH EINEN MODERNEN INDIVIDUALISMUS DER PERSON.

Wilhelm Dittrich macht keine Berufslehre, sondern schlägt sich in unterschiedlichen Beschäftigungen, darunter als Arbeiter in einer Industrieregion, im Tiefbau, als Ackerknecht, Melker und Milchfuhrmann durch. Nach dem Krieg übernimmt er den Hof und bewirtschaftet ihn mit seiner Mutter. Der Hof wird im Zuge von Erbauseinandersetzungen geteilt, übrig bleiben 20 Morgen, das sind ca. 5 ha. Das Haupteinkommen der Familie stammt aus Wilhelm Dittrichs Tätigkeit als angelernter Werkzeugschleifer in einer Möbelfabrik im Nachbarort. Daneben betätigt er sich im Ort als eine Art Barfuß-Tierarzt (er wird von den Bauern als erster gerufen, wenn ihre Tiere krank sind) und als Reparateur von Röhren-Radios.

Weshalb schließt Wilhelm Dittrich das Realgymnasium nicht ab und erlernt einen Beruf auf dem Niveau, das ein Realschulabschluß vermittelt? Wo liegt hier der Bruch? Die Daten geben darüber nichts her.[32] Auch erfahren wir nicht, wann und woran der Vater, Otto Dittrich, gestorben ist. Deutlich wird jedoch, daß Wilhelm Dittrich minutiös das Muster seines Vaters wiederholt und damit die durch die Schulausbildung eröffneten beruflichen Möglichkeiten im Sinne einer Strukturtransformation nicht realisiert. Insbesondere in der Wahl der Berufe (zwischen Industriearbeiter und Ackerknecht bewegt er sich) wird die Unentschiedenheit zwischen eher traditionalen und modernen Lebensentwürfen deutlich. In Abgrenzung zum väterlichen Muster entfällt jedoch die eine Existenzgrundlage, der Hof, da die Geschwister auf Erbteilung bestehen und damit der vollbäuerlichen Tradition (in realistischer Sicht der Entwicklung der Landwirtschaft nach dem Zweiten Weltkrieg) ein Ende setzen. Wilhelm Dittrich gerät damit zunehmend von der Rolle des AUßEN-SEITERS in die des SONDERLINGS im Dorf.

Als nächste für dieses Milieu typische biographische Entscheidung steht nun die Partnerwahl an. Welche Ehefrau kommt für Wilhelm Dittrich in dieser Situation in Frage (gesetzt den Fall, er denkt überhaupt ans Heiraten)? Umgekehrt: Für welche Frau ist Wilhelm Dittrich attraktiv? Erinnern Sie sich an die bisher entwickelten Hypothesen: Außenseiter im Dorf, Sonderling, zwischen Landwirtschaft und Industriearbeit hängen geblieben, die Landwirtschaft ist geschrumpft, alles spricht für einen endgültigen Ausstieg. Jedoch lebt die Mutter noch, bremst sie eventuell den Ausstieg? Und die historische Situation: Bis zum Kriegsausbruch hat Wilhelm Dittrich unverheiratet gelebt, 1939 ist er 33 Jahre alt und damit – nach dörflichen Kriterien des angemessenen Heiratsalters – schon als Junggeselle sozial verortet. Was hat ihn bisher am Heiraten gehindert?[33] Wenn er nach 1945 heiratet: Was bleibt ihm noch? „Sozial beschädigt"[34], wie Wilhelm Dittrich ist, wird es eine Frau sein, die ebenfalls „sozial beschädigt" ist. Dazu gehören: Frau mit Kindern, deren Mann im Krieg geblieben ist, Flüchtling, Zwangsarbeiterin.

Gerda Dittrich, geboren 1917, stammt von einem großen Bauernhof im Ruhrgebiet. Sie besucht mit 14 Jahren ein Mädchenpensionat außerhalb ihres Wohnorts. Als Jüngste mußte sie zu Hause den Haushalt führen, als ihre beiden älteren Schwestern (jeweils einen Bauern) heiraten. Mit 18 Jahren geht sie erneut zur Schule, um „die Küche zu lernen". Während des Krieges führt sie den Hof mit Hilfe von Zwangsarbeitern. 1948 kehrt

---

32 In der Genogrammanalyse wird dies zum Anlaß genommen, mögliche Antworten auf die offenen Fragen zu finden. Da ich hier aus Platzgründen darauf verzichten muß, schlage ich Ihnen vor, zur Übung selbst nach solchen Antworten zu suchen und erst danach weiterzulesen.

33 Auch hier bietet sich wieder eine Übung an.

34 Man möge diesen Terminus nicht abwertend verstehen. Daher die Anführungszeichen.

ihr (einziger) Bruder aus der Gefangenschaft zurück und übernimmt den Hof Er stirbt 1962 an einer schweren Krankheit und hinterläßt vier Kinder, die später alle studieren.

Die Frau, die Wilhelm Dittrich 1949 heiratet, ist tatsächlich in einer biographischen Sackgasse und insofern randständig. Dies resultiert daraus, daß sie, als Tochter einer traditionalen Bauernfamilie, wie die generativen Entscheidungen zeigen, gezwungen ist, einem traditionalen Muster des „Denkens vom Hofe her" zu folgen, bei dem die Belange des Hofes über die Interessen des Einzelnen gestellt werden[35]. Gerda Dittrichs Biographie war zunächst – das zeigen die aufwendigen, bei großen westfälischen Bauernhöfen üblichen Ausbildungen („den Haushalt lernen") – darauf angelegt, in einen Hof vergleichbarer Größe einzuheiraten und das Leben einer geachteten Bäuerin zu führen. Der Krieg hat dies verhindert. Sie tritt an die Stelle des künftigen Bauern und füllt diese adäquat aus. Als sie nicht mehr benötigt wird, weil der Bruder aus der Gefangenschaft zurückkommt und fraglos in seine Rechte als Bauer eintritt, ist sie ein „spätes Mädchen", zu alt für eine standesgemäße Heirat. Ihr bleibt die Position einer ledigen Tante auf dem Hof, mit der wenig erfreulichen Aussicht, sich mit einer künftigen Schwägerin um die Macht im Haushalt zu streiten.

Diesem Los kann sie auf verschiedene Weise entkommen: Sie kann auf ihren beruflichen Erfahrungen aufbauen und Verantwortung in einem Haushalt übernehmen (z. B. als Haushälterin eines Pfarrers). Dies wäre ein traditionales Muster. Sie kann Geschäftsführerin eines Ladens werden – ein modernes Muster weiblicher Berufstätigkeit. Oder sie kann ihrem oben erwähnten Los durch eine Heirat entkommen, aber dann wird von ihr Kompromißbereitschaft gefordert. Die Landwirtschaft ist auf dem Rückzug, sie ist über das milieutypische Heiratsalter hinaus, so wird die ihr strukturell angemessene Position einer eingeheirateten Bäuerin auf einem angesehenen Hof schwer zu finden sein.

Dazu kommt: Wenn sie in der unmittelbaren Nachkriegszeit heiraten will, konkurriert sie auf einem „leergefegten"[36] Heiratsmarkt, denn es sind viele Männer im Krieg gefallen. So bleibt ihr Wilhelm Dittrich, zum Zeitpunkt des Kennenlernens (durch Vermittlung von Bergleuten im Zuge des Tausches von Kohlen gegen Nahrungsmittel in der Notzeit nach dem Krieg) ca. 42 Jahre alt. Sie heiratet also einen Bauern, der ihr die Position einer Bäuerin verspricht, SO KANN SIE IN IHREM TRADITIONALEN MUSTER BLEIBEN.

Sowohl Gerda als auch Wilhelm sind randständig in Eisental, und dies in einer spezifischen Weise – sie fühlen sich auf je eigene Art den Dorfbewoh-

---

35 Wenn Sie nicht mit bäuerlichen Lebenswelten vertraut sind, werden Sie möglicherweise die Wirkmächtigkeit solcher Muster unterschätzen. Hier zeigt sich erneut, wie wichtig es ist, sich von den eigenen (alltagsweltlichen) Hintergrundannahmen zu distanzieren und den Fall in der Eigenlogik seiner Geschichte und seiner Welt zur Sprache zu bringen.

36 Auch dieser Terminus fließt mir angesichts des angesprochenen historischen Hintergrunds der Katastrophe des Zweiten Weltkriegs nicht problemlos aus der Feder.

nern gegenüber überlegen. Gerda deshalb, weil sie von einem reichen Bauernhof in einer fruchtbaren Gegend kommt, gegenüber dem der reichste Hof in Eisental nur ein kleiner „Krauter" ist, und Wilhelm deshalb, weil er durch eine biographische Entwicklung charakterisiert ist, die am Beginn weit über die für einen Dorfbuben erwartbare Typik des Lebenslaufs hinausweist, später aber aufgrund spezifischer Kontingenzen (von denen wir jetzt noch nichts wissen) in eine Position als Sonderling im Dorf einmündete.

Zusammenfassung der aus der Genogrammanalyse gewonnenen Hypothese

DIE FAMILIE DITTRICH HAT ÜBER DREI GENERATIONEN HINWEG EIN MUSTER EINGERICHTET UND ZUNEHMEND VERSCHÄRFT, IN DEM EINERSEITS DIE TRADITION, GENAUER: DIE SÄSSIGKEIT EINES MILIEUS DOMINANT IST. ANDERERSEITS IST DIESE FAMILIE EINEM INDIVIDUALISMUS VERPFLICHTET, DER SICH VON GENERATION ZU GENERATION RADIKALISIERT. DADURCH ENTSTEHT ZUNEHMEND EIN WIDERSPRUCH, DER DURCH DIE EINHEIRAT VON GERDA DITTRICH, DIE WIEDERUM DAS TRADITIONALE MOMENT BETONT, ERNEUT VERSCHÄRFT WIRD.

5. Analytische Zwischenbilanz: Memos schreiben

a) Zum Stellenwert von Memos in einer Fallstudie

Memos dienen dazu, Ideen über Konzepte (vgl. S. 26) und die Verbindungen zwischen ihnen systematisch weiterzuverfolgen, anders gesprochen: In Memos führen Sie die Erträge Ihrer Sequenzanalysen zusammen. Ideen für Memos entstehen sowohl während einer Analyse als auch bei deren Zusammenfassung. Dabei kommt es nicht so sehr darauf an, einen konsistenten Text zu verfassen. Wichtiger ist, daß diese Ideen sofort festgehalten werden. Wird dies auf einen späteren Zeitpunkt verschoben, sind sie möglicherweise schon wieder in Vergessenheit geraten, und sie können im weiteren Analyseprozeß nicht mehr fruchtbar werden. Memos, so könnte man sagen, steuern die Analyse und treiben sie voran.

Memos werden, wie erwähnt, im gesamten Verlauf einer Fallstudie geschrieben. Am Anfang der Studie dienen sie dazu, die Ergebnisse von Sequenzanalysen zu sichern und Konsequenzen daraus für eine übergreifende Fallstrukturhypothese zu ziehen. Im weiteren Verlauf werden Memos geschrieben, in denen die Eigenschaften dieser Konzepte genauer aufgeschlüsselt werden. Schließlich dient das Memo-Schreiben dazu, Beziehungen zwischen den einzelnen Konzepten zu entdecken, zu analysieren und auszuarbeiten. Mit dem Memo-Schreiben sind Sie dann fertig, wenn die Beziehungen zwischen diesen Konzepten in einem weiteren Schritt systematisch integriert sind. Dann ist der Zeitpunkt gekommen, die Fallstudie abzuschließen.

Abschließend, bevor Sie das Memo-Schreiben anhand der bisherigen Analyse von Datenmaterial aus der Familienstudie Dittrich üben können, einige Faustregeln für das Schreiben von Memos[37]:

(1) Memos sollen mit einer Überschrift versehen werden, die einen Bezug zu dem Konzept hat, das in dem Memo entwickelt wird.

(2) Tauchen in einem Memo mehrere Konzepte auf, dann gibt dies Anlaß zu einem weiteren Memo, in dem die Beziehung dieser Konzepte untereinander untersucht wird.

(3) Stellt sich im Fortgang der Studie heraus, daß ein Memo zu oberflächlich abgefaßt ist, entsteht ein neues Memo. Somit haben Memos den Charakter des Vorläufigen.

(4) Zusammenhänge zwischen den in den Memos entwickelten Konzepten können dadurch entdeckt werden, daß Memos in unterschiedlicher Weise zu Gruppen zusammengefaßt werden. Dazu empfiehlt es sich, Memos auf Karteikarten zu schreiben.

(5) Sie sollten immer anstreben, über eine Liste von Konzepten zu verfügen, die Anlaß für das Schreiben von Memos geben können. Am besten ist es, Sie führen während der Zeit, in der Sie mit einer Studie befaßt sind, immer ein Notizbuch mit sich, in das Sie Ihre Ideen zu Konzepten und zu den Verbindungen zwischen den Konzepten (als Ausgangspunkte für Memos) eintragen können[38].

(6) Wenn Sie glauben, ein Konzept sei hinreichend in Memos ausgearbeitet, sollten Sie dies vermerken.

b) Erste Memos in der Familienstudie Dittrich[39]

Ergebnis der Analyse des ersten Beobachtungsprotokolls waren drei Konzepte, die dem Themenkomplex soziale Integration/soziale Desintegration zugehören und damit eine erste Anwort auf die Fragestellung nach der Familiensituation und alltags weltlichen Orientierung Schizophrener geben. Ich

---

37 Die folgende Liste stellt eine abgekürzte Version der 12 Punkte umfassenden Liste von „Faustregeln für das Abfassen von Memos" bei Strauss (1994, S. 172f.) dar, deren Lektüre ich sehr empfehle.

38 Je tiefer Sie in eine Studie eintauchen, desto intensiver sind Sie, auch in Zeiten, in denen Sie nicht am Schreibtisch sitzen, mit Ihrem „Fall" gedanklich beschäftigt. Mir z. B. kommen viele Ideen nach einem Analysetag beim Biken oder Joggen im Wald. Da ist es nützlich, bei der Rückkehr stets ein Notizbuch griffbereit zu haben. Anders herum: Wenn Sie nicht ständig gedanklich bei Ihrem „Fall" sind, ist das ein Zeichen dafür, daß Sie noch nicht tief genug eingetaucht sind. Hier hilft auch eine Faustregel von Anselm Strauss: Unterbreche niemals für längere Zeit eine Studie, versuche mindestens zwei Stunden pro Tag daran zu arbeiten. Man spart so eine Menge Zeit, die man nach einer Unterbrechung benötigt, um gedanklich wieder in seinem „Fall" zu „leben".

39 Aus Platzgründen muß ich mich hier, wie generell bei der exemplarischen Darstellung des Gangs der Studie der Familie Dittrich, mit Skizzen begnügen.

hoffe, es ist Ihnen deutlich geworden, daß diese Konzepte nicht deshalb entdeckt wurden, weil sie den theoretischen Vorannahmen entsprechen, sondern deshalb, weil ihnen „etwas im Material entspricht" (um einen Aphorismus von Lichtenberg zu variieren).

Diesen Konzepten soll nun in einem Prozeß des Memo-Schreibens nachgegangen werden. Als erstes werden die Konzepte für sich genommen analysiert, dann ihre Beziehungen untereinander, und schließlich werden diese Konzepte und ihre Beziehungen kontrastiert mit den Konzepten, die anhand der Analyse der „objektiven Daten" aus der Familiengeschichte der Dittrichs entwickelt wurden.[40]

Die Lage des relativ neuen Hauses der Familie Dittrich am Ortsrand gab uns Anlaß zu der Frage: *Ist es so, daß die Dittrichs im Ort nicht bleiben wollen, aber auch nicht aus dem Ort weggehen können?* Demnach könnte die Familie Dittrich, wenn wir diese Frage in Kategorien der sozialen Interaktion stellen, eine widersprüchliche Beziehung zum Dorf und seinen Bewohnern haben. Diese Beziehung könnte geprägt sein von mannigfaltigen Formen der Abgrenzung, wobei allerdings unklar bleiben muß, wer sich hier von wem abgrenzt: das Dorf von der Familie oder die Familie vom Dorf? Oder, in Konzepten ausgedrückt: „SICH ZUM AUßENSEITER MACHEN", d.h. sich vom Dorf abgrenzen, und „ZUM AUßENSEITER GEMACHT WERDEN". Jedenfalls kann ein Resultat von Abgrenzung die Position des AUßENSEITERS im Dorf sein.

Hat man diese Konzepte entwickelt, dann besteht ein sinnvoller weiterer Arbeitsschritt darin, sie erstens durch Beobachtungsdaten zu verdichten und zweitens sie zueinander in Beziehung zu setzen.

Nach unserer Analysesitzung im weiter vorne erwähnten Methodenseminar haben zwei Teilnehmerinnen ein Diagramm ausgearbeitet.

Zur Erläuterung: Fett gedruckt sind die Konzepte, einfach gedruckt die zum jeweiligen Konzept gehörenden Unterkonzepte. Kursiv geschrieben sind die zu den Konzepten gehörenden Daten, Pfeile deuten mögliche Beziehungen zwischen den Konzepten an.

Nun zur Interpretation dieses Diagramms: In der obersten Zeile finden Sie die durch Pfeile als Polaritäten markierten Konzepte abgegrenzt und bezogen. Diese Konzepte stellen eine andere Formulierung des sehr eng an den Daten entwickelten Konzepts „IM ORT BLEIBEN WOLLEN SIE NICHT, ABER WEGGEHEN KÖNNEN SIE AUCH NICHT" dar. Theoretischer Hintergrund dieses Begriffswechsels ist der Bezug zu Hegels Diktum „Das Tun des Einen ist das Tun des Anderen" in seiner „Phänomenologie des Geistes", aus dem Stierlin das Konzept der „bezogenen Individuation" (Stierlin 1980, S. 16ff.) gemacht hat. Es soll ausdrücken, daß die Entwicklung personaler Identität auf Andere

---

40 Hier stellt sich die methodologisch brisante Frage, ob Ihnen Konzepte aus dem Material entgegenspringen („in der Sprache des Falles", wie Oevermann sagt) oder ob diese – orientiert an der Fragestellung – von Ihnen, das Material gestaltend, in dieses hineingelegt werden. Vgl. dazu Abschnitt 8 in diesem Kapitel sowie Kapitel III.

verwiesen ist. Das bedeutet, daß das Sich-Abgrenzen von einer sozialen Einheit immer auch eine Bezogenheit auf diese Einheit einschließt. Bei der Familie Dittrich nimmt nun diese widersprüchliche Einheit eine spezifische Form an, indem die Dialektik auseinandergerissen wird. Daher weisen die Pfeile in gegenläufige Richtungen. Dies wäre eine erste konzeptionelle Fassung einer „pathologischen" Lebenspraxis in dieser Familie.

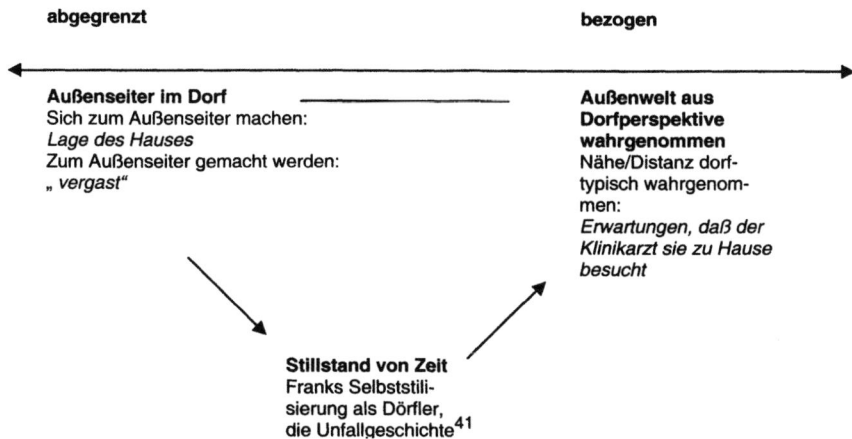

abgegrenzt

bezogen

Außenseiter im Dorf
Sich zum Außenseiter machen:
Lage des Hauses
Zum Außenseiter gemacht werden:
„ vergast"

Außenwelt aus
Dorfperspektive
wahrgenommen
Nähe/Distanz dorf-
typisch wahrgenom-
men:
Erwartungen, daß der
Klinikarzt sie zu Hause
besucht

Stillstand von Zeit
Franks Selbststili-
sierung als Dörfler,
die Unfallgeschichte[41]

An dieser Stelle bietet sich eine Erörterung der Frage an, wie man zu Konzepten kommt, außer, daß man sich auf die eigene Einfallskraft verläßt, worin im übrigen die *Kunst* der Fallinterpretation[42] besteht, die man sich nicht durch Technik, sondern durch Erfahrung aneignet. Zunächst bot das Material selbst diese Konzeptualisierung an, wie sich auch in der Seminardiskussion mit den Studentinnen und Studenten gezeigt hat. Ich selbst kenne Paradoxien vom Typus „IM ORT BLEIBEN WOLLEN SIE NICHT, ABER WEGGEHEN KÖNNEN SIE AUCH NICHT" aus meiner ersten Familienstudie (Hildenbrand 1983), in der ich den Ausspruch des als schizophren diagnostizierten Sohnes Alfred zitiere: „Wenn ich zu Hause bin, will ich weg, und wenn ich weg bin, will ich nach Hause". Gestützt werden dann diese Überlegungen durch einen Bezug auf wissenschaftliche und philosophische Begriffsbildungen. Wichtig dabei aber ist, eine Deutung des Materials nicht aus solchen Begriffen *abzuleiten.*

---

41 Hier nicht erwähnt.

42 Barney Glaser, Mitbegründer der Grounded Theory und Weggefahrte von Anselm Strauss, nennt dies „theoretical sensitivity" (Glaser 1978, 1992). Sie ist für jeden Forschungsprozeß, auch in den Naturwissenschaften, unverzichtbar, und dennoch wird vielfach gerade aus der Annahme, interpretative Forschung bedürfe einer Kunstlehre, das Argument gezogen, es handle sich hier um „weiche" i. S. von fragwürdige Forschungsansätze.

Dies wäre „Subsumtionslogik" und mithin einer der Kardinalfehler beim fallrekonstruktiven Vorgehen. Theoretische Begriffe bieten *Möglichkeiten,* am Leitfaden des Materials über das Material nachzudenken.

Nun könnte man immer noch einwenden, daß die erwähnten theoretischen Begriffe Orientierungsrahmen bieten, die so eng sind, daß andere Orientierungen und vor allem das Datenmaterial selbst keine Chance mehr haben, zur Geltung zu kommen. Dagegen hilft zum einen die Interpretation in der Gruppe, wodurch ermöglicht wird, daß mehrere Perspektiven auf das zu interpretierende Material gerichtet werden. Es hilft des weiteren das systematisch falsifizierende Vorgehen: Begriffe müssen sich ihren Weg in eine am Material entwickelte Theorie „verdienen", wie Strauss sagt.

Weiter in der Erläuterung des Diagramms. Dem Konzept der Abgrenzung ordnen wir das Konzept AUßENSEITER im Dorf zu, dem Konzept der BEZOGENHEIT jenes, demzufolge DIE AUßENWELT AUS DER DORFPERSPEKTIVE wahrgenommen wird. Eine besondere Note erhält das Ganze durch das Konzept STILLSTAND VON ZEIT, da dies auf der einen Seite den Aspekt ABGRENZUNG verstärkt, aber auf der anderen Seite das Konzept der BEZOGENHEIT tangiert: Wenn für die Familie Dittrich die Zeit stillsteht, dann bedeutet das, daß sie in besonderer Weise die Dorftradition verkörpert – im Unterschied zur Mehrzahl der anderen Dorfbewohner, die offenbar einem zunehmenden Urbanisierungsprozeß unterliegen, dessen Konsequenz die sekundäre, nunmehr aber gebrochene Wiederaneignung von Tradition ist. Dies ist erkennbar am aufgeschraubten Fachwerk und der Selbstetikettierung des Orts als „Ferienort". Indem also für die Familie Dittrich die Zeit still steht, ist BEZOGENHEIT das Thema, aber indem die anderen mit der Zeit gehen, geraten die Dittrichs, bezogen auf die anderen, in eine Randlage: ABGRENZUNG. Weil aber die beiden polaren Tendenzen, so die sich abzeichnende Hypothese, in dieser Familie nicht zu einer widersprüchlichen Einheit verschmelzen, sondern unverbunden bleiben, kommt es zu folgenschweren Konsequenzen. Das heißt: Anstatt einfach eine Rolle als Sonderling zu spielen, isoliert sich diese Familie und blockiert sich in ihrer Entwicklung, weil sie keine Strukturtransformationen in Gang setzen kann. Eine dieser Strukturtransformationen bestünde darin, wegzuziehen und in einem Nachbarort ein Haus zu bauen.

Es wird Ihnen aufgefallen sein, daß die Materialbasis für diese Konzepte bisher reichlich dünn ist: Sie besteht aus einigen Seiten aus einem Beobachtungsprotokoll, die allerdings in mehrstündigen Arbeitsgängen analysiert worden sind. Es kann sein, daß Sie die Auffassung vertreten, erst dann mit dem Formulieren von Konzepten anzufangen, wenn mehr Material vorliegt. Dann kann es Ihnen aber passieren, daß Sie von der Menge Ihres Materials erdrückt werden und überhaupt nicht dazu kommen, einen durch Konzepte ermöglichten Überblick zu gewinnen bzw. sich „von der Ebene der Daten zu lösen" (Strauss 1994, S. 60). Wenn Sie statt dessen unserem Vorschlag folgen und mit Unterstützung des Kodier-Paradigmas (Sie erinnern sich: *Bedin-*

gungen, Interaktionen zwischen den Akteuren, Strategien und Taktiken, Konsequenzen) unverzüglich nach der Erhebung der ersten Daten mit der Analyse beginnen, und wenn Sie sich zwingen, mit diesen wenigen Daten zu arbeiten, werden Sie rasch zu tragfähigen Konzepten kommen, mit deren Überprüfung Sie sogleich beginnen können. Und Sie haben sich des weiteren den Vorteil eingehandelt, über die gesamte Studie hinweg mit wenig Daten auszukommen.

Im nächsten Schritt können wir nun die Ergebnisse der Genogrammanalyse heranziehen (die für die Dauer der Erstellung des Diagramms zu vergessen wir uns bemüht haben) und überprüfen, ob das erste in Gestalt eines Diagramms vorliegende Memo in der Theoriebildung sich bewährt. Die dort entwickelte Hypothese lautet: DIE FAMILIE DITTRICH HAT ÜBER DREI GENERATIONEN HINWEG EIN MUSTER EINGERICHTET UND ZUNEHMEND VERSCHÄRFT, IN DEM EINERSEITS DIE TRADITION, GENAUER: DIE SÄSSIGKEIT EINES MILIEUS DOMINANT IST. ANDERERSEITS IST DIESE FAMILIE EINEM INDIVIDUALISMUS VERPFLICHTET, DER SICH VON GENERATION ZU GENERATION RADIKALISIERT. DADURCH ENTSTEHT ZUNEHMEND EIN WIDERSPRUCH, DER DURCH DIE EINHEIRAT VON GERDA DITTRICH, DIE WIEDERUM DAS TRADITIONALE MOMENT BETONT, ERNEUT VERSCHÄRFT WIRD.

Mit diesem Ergebnis der Genogrammanalyse gewinnen die vorher anhand der Analyse des Beobachtungsprotokolls entwickelten Konzepte an Plausibilität. Man könnte sogar – hier noch voreilig – von einer Bestätigung sprechen. Bedeutsam ist vor allem, daß es sich offenbar um Aspekte einer Fallstruktur handelt, die eine über mehrere Generationen reichende Geschichte aufweisen und die sich im Verlauf dieser Geschichte verfestigt haben.

Nun wird es aber Zeit, sich Materialtypen zu nähern, in denen die Akteure direkt beim Handeln beobachtet werden können.

6. Das familiengeschichtliche Gespräch II

a) Analyse der Eingangssequenz

Die herausragende Bedeutung der Analyse der Anfangssequenz liegt darin, daß mit der Eröffnung eines familiengeschichtlichen Gesprächs eine sich allmählich strukturierende soziale Interaktion entwickelt wird. Das heißt, daß es nicht einfach darum geht zu analysieren, *was* die Familie erzählt. Wichtig ist ebenso, *wie* die Familie die Setzung des Interaktionsrahmens (Goffman 1980) „familiengeschichtliches Gespräch" aufgreift und gemeinsam mit den Interviewern den mit diesem Rahmen verbundenen Sinn stiftet. Die Ressourcen, die der Familie dabei zur Verfügung stehen, sind Ordnungsprinzipien sozialer Interaktion. Und *wie* die Familie diese Ressourcen an diesem bestimmten Gesprächsanfang nutzt, zeigt ihre Fallspezifik in gesteigertem Maße.

Die Frage nun ist: Wo ist der Anfang? Als Anfang den Beginn der Tonbandaufnahme zu setzen ist willkürlich. Angemessener scheint mir, als Anfang eine Stelle im Transkript festzulegen, an der ein *Übergang* von einer Handlungsszene zur anderen stattfindet.

Im vorliegenden Fall betreffen, wie bereits erwähnt, von den insgesamt 53 verschrifteten Seiten des familiengeschichtlichen Gesprächs die ersten vier Seiten und 35 Zeilen der fünften Seite die bedrückende Lage der Familie Dittrich angesichts der langjährigen psychischen Erkrankung ihres Sohnes Frank. Auch geht es um die Frage, welche Rolle die „Ahnenforschung" (ein Begriff von Wilhelm Dittrich) bei den Familienuntersuchungen der Interviewer im allgemeinen und bei der Familie Dittrich im speziellen hat. Dieser Frage widme ich einige Aufmerksamkeit, denn es ist zum Zeitpunkt des Familiengesprächs (1981) gerade 40 Jahre her, daß in Deutschland Menschen mit der Diagnose „Schizophrenie" als „lebensunwertes Leben" staatlich organisiert ermordet wurden[43]. Die Aufmerksamkeit war aber, wie sich später zeigen wird, im Fall der Familie Dittrich nicht groß genug. Außerdem war beim ersten Gespräch mit der Familie Dittrich ein Dorfbewohner mit der Bemerkung zitiert worden, Frank sei der erste, der vergast werden würde, was zeigte, daß im kollektiven Gedächtnis des Dorfes durchaus noch nationalsozialistische Ideen zur Einschätzung psychischer Krankheit vorhanden waren, die für die Familie Dittrich bedrohlich erscheinen müssen.

Auf S. 5, als die Eltern beginnen, aus der jüngeren Vergangenheit zu erzählen, komme ich dann dazu, den Übergang von der Phase des Vorgesprächs zum familiengeschichtlichen Gespräch im engeren Sinne zu rahmen[44]. Ich teile mit, daß das familiengeschichtliche Gespräch zu den Standarderhebungserfahren in unserem Forschungsprojekt gehört, und fahre fort:

I: *das fängt dann halt an mit (.) wo Sie halt anfangen wollen (.) ob Sie bei der Heirat beginnen wollen oder am be (k) besser noch früher ((murmeln))*

I: *und eh (-) das gibt uns dann einen besseren Hintergrund zu verstehen wie Sie heute leben (.) ja (,) wollen wer mal (?)*

Der Eingangsstimulus ist innerhalb des vorgegebenen Rahmens „familiengeschichtliches Gespräch" breit angelegt, der *Gestaltungsspielraum*, aber auch

---

43 „Nachdem das Euthanasieprogramm in den Vorkriegsjahren propagandistisch vorbereitet war, wurden von Herbst 1939 an schätzungsweise 80 000 psychisch Kranke und Behinderte sowie Epilepsie-Kranke in Reichsanstalten verlegt, wo sie in Gaskammern, durch eine Überdosis von Morphium und Barbitursäurepräparaten oder durch allmählichen Nahrungsentzug getötet wurden. Erst unter dem Druck der öffentlichen Meinung gab Hitler im Juni 1941 den mündlichen Befehl, die Euthanasieaktion abzubrechen" (Bericht über die Lage der Psychiatrie in der Bundesrepublik Deutschland 1975, S. 62).

44 Zur Problematik diese Vorgehens vgl. S. 30.

die *Gestaltungsnotwendigkeit* sind sehr groß. Dies ist eine gute Voraussetzung dafür, daß in den nun folgenden Passagen die Strukturiertheit der Lebenspraxis dieser Familie deutlich zum Ausdruck kommt.

Um diese herauszuarbeiten, werde ich mich im folgenden nicht auf die bereits entwickelten Strukturhypothesen beziehen, sondern diese ausblenden. Würde ich sie heranziehen, könnte ich sie mit dem Ergebnis der nun folgenden Analyse nicht mehr überprüfen. Ich werde mich also auf das Vorwissen: Familie auf dem Land, früher Bauern, jetzt Arbeiter, sowie auf das Wissen um die Generationenlage[45] der Eltern (geboren vor dem oder im ersten Weltkrieg) beschränken und mich ansonsten auf den zu analysierenden Text beziehen. Die bisherigen Analyseergebnisse werde ich erst *nach* der Analyse der Eingangssequenz heranziehen. Nur so läßt sich eine Falsifikation durchführen.

Eine mögliche erste Frage ist: Wer wird nun anfangen? Dazu gibt es formal vier Möglichkeiten: Es fangen an (1) Vater Dittrich, (2) Mutter Dittrich, (3) Frank Dittrich, (4) es tritt Schweigen ein.

Auf der Basis unserer Erfahrungen mit über 20 familiengeschichtlichen Gesprächen bei Bauern würde mich nicht wundern, wenn die Mutter anfinge. Dies hängt damit zusammen, daß die eingeheirateten Bäuerinnen sich vielfach zu Trägerinnen des Familiengedächtnisses machen. Sie, die zunächst als Fremde auf den Hof kommen, verschaffen sich so einen wichtigen Platz auf dem Hof, werden zu kompetenten Interaktionspartnerinnen bei Gesprächen über Familienbeziehungen im erweiterten Familienkontext sowie im Dorf und entsprechen den Erwartungen an die Rolle von Frauen, Spezialistinnen für Beziehungen zu sein. Finge also Frau Dittrich an, hätten wir es mit dem Muster einer Bäuerin zu tun, die auf ihre Position in dieser Familie, verstanden als bäuerliche Familie, bedacht ist.

Andererseits bedeutet das Ergreifen des Worts am Anfang eines familiengeschichtlichen Gesprächs auch, die Familie nach außen zu repräsentieren. In patriarchalisch geprägten Sozialzusammenhängen wie einem Bauernhof, der ja typischerweise primär an Söhne vererbt wird, ist ein Matriarchat, wenn es denn vorkommt, nur als „geheimes" möglich. Zu erwarten wäre demnach, gesetzt, diese Prägungen der bäuerlichen Welt haben in dieser Familie heute noch eine Bedeutung, daß der Vater beginnt (und sofort, wenn die Ehefrau das geheime Machtzentrum ist, an seine Frau übergibt. Die formale Erwartung wäre so gewahrt). Wenn ein anderer Anfang gewählt wird, dann zeigt dies die Distanz dieser Familie zu ihrer bäuerlichen Vergangenheit.

Und wenn Frank anfängt? Vertraut uns Interviewanfänge, bei denen der Patient sich mit den Interviewern zu verbünden sucht, um seine Eltern als „Schuldige" an seiner Krankheit vorzuführen. Eine andere Deutung wäre, daß er, als langjähriger Patient einer Universitätsklinik, mit den dortigen („urbanen") Interaktionsgepflogenheiten vertraut ist und sich als Übersetzer zwischen zwei Welten (der städtischen der Klinik einerseits, der dörflichen seiner Eltern andererseits) anbietet. Dies würde eine hohe soziale Kompetenz des Patienten voraussetzen. Umgekehrt: Heißt das, daß Frank keine soziale Kompetenz besitzt, wenn er nicht anfängt? Nein, sondern nur, daß er, wenn er sie hat, sie an dieser Stelle nicht einsetzt.

Schließlich könnte sein, daß niemand anfängt. Dies wäre in hohem Maße erklärungsbedürftig, denn die Familie wußte ja, worauf sie sich einließ, als sie beim ersten Be-

---

45 vgl. Mannheim 1928/1978

such der Interviewer in ein familiengeschichtliches Gespräch zu einem späteren Termin einwilligte. Würde sie schweigen, dann hieße das, daß sie eine einmal getroffene Entscheidung zurücknähme, diese Zurücknahme aber implizit bliebe und damit von der Familie selbst nicht vertreten würde. Eine Unentschiedenheit in der Übernahme von Verantwortung wäre daraus zu schließen.

Erst nachdem diese Überlegungen angestellt sind, kann nun im Interviewtext nachgesehen werden, wer tatsächlich anfängt. Der bis hierher abgedeckte Text wird nun aufgedeckt. Dort ist zu lesen:

V:

Es fängt also der Vater an. Er übernimmt die Außenpräsentation der Familie und macht sich damit für die Familie verantwortlich, das Muster der patriarchalisch verfaßten Bauernfamilie ist installiert. Aber auch die patriarchalische Verfaßtheit der kleinbürgerlichen Familie dieser Generation würde diesen Anfang erwarten lassen. Das Verbindende ist das Patriarchat.

Ich fahre nun mit den gedankenexperimentellen Überlegungen fort und frage: *Womit* wird er anfangen? Als stolzer Bauer könnte er über die mehrere Generationen umfassende Geschichte des Hofes erzählen. Als ehemaliger Bauer könnte er den Niedergang der Landwirtschaft thematisieren. Als selbstbewußter Bauer könnte er mit mir darüber diskutieren, wie man richtig sozialwissenschaftliche Interviews durchführt (geschlossene statt offene Fragen, klare Vorgaben etc.)[46] Er könnte aber zu Beginn auch die Paarbeziehung thematisieren und mit dieser individualisierenden, die Hofgeschichte ausblendenden Herangehensweise deutlich machen, daß der Typus der traditionalen Bauernfamilie für ihn keine Relevanz mehr hat. Er könnte die Individualisierung weitertreiben und nur von sich erzählen, damit würde er aber das Handlungsschema des familiengeschichtlichen Gesprächs verlassen, und dieser Bruch müßte von ihm, soll er nicht als „pathologischer" i. S. des Bruchs einer Reziprozitätsverpflichtung erscheinen, markiert werden.

V: ((murmeln)) meine Frau ist ja immer aufm Hof gewesen bis zur Heirat (,)

Vater Dittrich fängt an, aber er berichtet von seiner Frau. Genauer: von sich und seiner Frau als Paar aus der Perspektive der Frau. Dies *könnte*[47] heißen: Er führt sie ein als gestandene Bäuerin. Damit würde er über sich aussagen: Es ist mir gelungen, eine richtige Bäuerin zu heiraten. Oder aber: Ich habe eine richtige Bäuerin geheiratet, obwohl ich ihr eine richtige Bauernstelle nicht bieten konnte.

Die Aussage wäre demnach ambivalent. Die Ambivalenz liegt auch in der Doppeldeutigkeit des Satzteils „bis zur Heirat". Danach nicht mehr? Waren die Dittrichs nun Bauern oder nicht?

Weiter festzuhalten ist, daß er sich *über andere* definiert. Auch hier geht es um Ambivalenz: Er beginnt, thematisiert jedoch jemand anderen.

Und wie könnte er nun fortfahren? Er könnte ganz einfach thematisieren, ob die Wahl einer Bäuerin sich als erfolgreich erwiesen hat oder ob daraus Probleme erwachsen

---

46 So geschehen bei der Studie der Familie Eckert, vgl. Hildenbrand u. a. 1992.

47 Das Bilden von Hypothesen erfolgt im *Konjunktiv*. Gerade in Fallseminaren fällt mir mitunter auf, daß die Studierenden die gemeinsam erarbeiteten Hypothesen, wenn sie sie später im Rahmen einer Magisterarbeit ausarbeiten, zu *Aussagen* über den Fall transformieren, indem sie im Indikativ formulieren. Damit fällt unter den Tisch, daß die zu wissenschaftlichen Zwecken betriebene Fallrekonstruktion, wie jede andere Interpretation sozialer Wirklichkeit, perspektivengebunden ist. Um diesen Umstand zu bewahren, sollte der Konjunktiv immer erhalten bleiben.

sind. Er könnte aber auch auf der Höhe der Thematisierung seiner Frau bleiben und nun zu sich kommen. Z. B.: „während ich auch andere Arbeitsbereiche kennengelernt habe". Aber auch das würde an die oben vermutete Ambivalenz anschließen: Es besteht ein Konflikt zwischen Hof und Nicht-Hof. Ambivalenz wird nun zu einem Konzept.

V: *und ich war ja auch mit viel Geschwistern (..)*

Was hat „immer auf dem Hof gewesen" zu tun mit „ich war ja auch mit viel Geschwistern"? Daß hier eine Verbindung besteht, liegt in dem „auch" begründet. Viele Geschwister haben bedeutet im Kontext Hof: teilen müssen, sich auseinandersetzen müssen, vor allem dann, wenn es um das Erbe geht. Es bedeutet auch: Geschwistersolidarität, die gegeben (erwartet) wird, die aber auch empfangen wird. Von den Geschwistern zu sprechen bedeutet aber auch, sich *als Kind* zu thematisieren. Demnach hätten beide gemeinsame prägende Erfahrungen als Kinder, die hier allerdings unthematisiert bleiben – vermutlich, weil sie schmerzhaft sind. Wenn es dann um die Paarbeziehung geht, wird daraus die Aufgabe entstehen, den Übergang vom Kind-Status in die Beziehung zwischen erwachsenen, d.h. abgelösten Subjekten zu leisten.

V: *ich war ja auch immer beschäftigt (,) und dann hab ich (...) zwischendurch gestempelt (,) und (-) wie das so ist eh (-)*

Auf einem Hof ist man nicht beschäftigt, man arbeitet (es sei denn, es geht um einen Gutshof, aber den schließen wir hier aus Sparsamkeitsgründen aus). „Beschäftigt sein" stammt aus einem anderen Bereich der Arbeitswelt: dem der abhängigen Beschäftigung, der Lohnarbeit (die man auch verlieren kann, dann wird „gestempelt"). Demnach waren sowohl Frau als auch Herr Dittrich in je eigenen Kontexten abhängig beschäftigt, sie auf einem Hof, er als Lohnarbeiter. Aber als Familienangehörige ist man auf einem Hof nicht beschäftigt, man hilft mit. Herr Dittrich bringt also zwei Wirklichkeitsbereiche zusammen, die nicht zusammenzubringen sind: er vermischt sie, und zwar aus seiner Perspektive, der des Lohnarbeiters. Dies wäre ein weiteres Konzept, das aus dieser Sequenzanalyse gewonnen werden kann.

Und schließlich kann sich hier ein Paarkonflikt abzeichnen, und zwar auf Grundlage der Gegenüberstellung von bäuerlicher Welt (Welt der Ehefrau) und der Welt des Industriearbeiters (Welt des Ehemanns). Die kontinuierlich sprudelnde Energiequelle dieses Paarkonflikts wäre der Dünkel der Großbauerntochter gegenüber dem Nebenerwerbslandwirt.

M: *wir haben immer nur gearbeitet (,) (   )*

Jetzt meldet sich Frau Dittrich zu Wort: „auf dem Hof gewesen" und „immer beschäftigt" zieht sie zu einem Topos zusammen, dem der Arbeit, und schließt sich auf diese Weise an das vom Vater angeschlagene Thema an. An so prominenter Stelle, nämlich zu Beginn des familiengeschichtlichen Gesprächs, wird die Familiengeschichte zur Paargeschichte, und diese erhält ihren übergreifenden Wirklichkeitsakzent in einem zentralen Thema: dem der Arbeit. PAARBEZIEHUNG IST ARBEITSBEZIEHUNG[48], UND DIESE PAARBEZIEHUNG IST AUF DER GRUNDLAGE DER ARBEITSBEZIEHUNG KONFLIKTHAFT. Damit müssen sich alle anderen möglichen Themen (Paarbeziehung als Liebesbeziehung, als Reise etc.) sich dieser übergreifenden Rahmung unterordnen.

Soweit zum inhaltlichen Aspekt dieser Äußerung von Frau Dittrich. Interaktionell ist zu sehen, DASS SIE SICH AN IHREN MANN ANSCHLIEBT, sein Thema aufnimmt und dieses unter einen übergreifenden Begriff faßt, der die Lebenserfahrungen beider EINSCHLIEBT, daß aber untergründig ein Thema mitschwingt, das auf einen PAARKONFLIKT verweist.

---

48 Reizvoll wäre es, hier eine Metaphernanalyse anzuschließen. Vgl. hierzu Lakoff und Johnson 1998, Buchholz 1996, Kap. 1.

V: *immer arbeiten (,) im ersten Weltkrieg war ich (k) eh war ich noch en Kind (f) und
da kam die (.) Kohlrübenzeit*

Und umgekehrt schließt sich Herr Dittrich an die von seiner Frau eingeführten übergreifende Begrifflichkeit („immer arbeiten") an. Dann allerdings geht er über zu seiner eigenen Biographie – ohne einen Übergang zu markieren, damit konsistent mit dem obigen
Befund, daß er aus seiner Perspektive erzählt. Während also Frau Dittrich an ihren Mann
anschließt und eine GEMEINSAME PERSPEKTIVE DES PAARES konstituiert, VERHARRT ER
IN SEINER PERSPEKTIVE.

Ich breche an dieser Stelle die detaillierte sequentielle Analyse ab und fasse das folgende
zusammen:

M: (sicher) (,) können (Sie) mal achtunvierzig geheiratet (,) nich (!) Nach der Währung
ham wer geheiratet

V: sicher (,) bei der Wehrmacht (   ) nämlich *auch* ich war en bevölkerungspolitischer
Blindgänger[49] . nich (!) ich war schon en *alter Knabe* ne (!) und dann wurd ich Sol-
dat und dann (,) war ich in Frankreich (,) beim Vormarsch und dann noch in Rußland

M: [ooch weißte vom *Krieg* (abwehrend)

V: ja (,) no ja (   )

M: [das hat jeder so mitgemacht nich (!)

V: [das sind volle sechs Jahre

M: unsere Kinder (   )

V: *[volle sechs Jahre ne (!)* ((leiser)) das war für nix und wieder
nix . ja wenn mans bedenkt (-) und nach dem Krieg hab ich dann (.) ((lauter))
eben *geheiratet* + ja

M: mit zweiundvierzig

V: da war ich zweiundvierzig (.) ja ( ) da blieb mir auch keine Wahl nich (!) so
ganz allein is *auch* nich gut ne (!)

I: mhm mhm

M: kleine Landwirtschaft

Hinsichtlich der Interaktionsqualität der Paarbeziehung wiederholt sich in dieser Passage
das Interaktionsmuster, das wir im Zuge der Analyse der ersten elf Zeilen dieses familiengeschichtlichen Gesprächs bereits identifiziert haben: Während Frau Dittrich hinsichtlich der Paarbeziehung integrative Tendenzen zeigt und dabei einen Paarkonflikt ständig
mitlaufen läßt („kleine Landwirtschaft"), schließt sich ihr Mann vordergründig an („immer arbeiten", „sicher"), um dann aber sich selbst zu thematisieren, ohne diesen Übergang von der Perspektive seiner Frau zu seiner Perspektive zu markieren oder von sich
aus zur gemeinsamen Geschichte zurückzukommen – er gibt sich als EINZELGÄNGER.
Gemäß dem Grundsatz der Objektiven Hermeneutik, daß eine Struktur als bestimmt gilt,
wenn die erste Phase ihrer Reproduktion rekonstruiert ist, verfestigt sich hier die strukturelle Analyse. FRAU DITTRICHS INTEGRATIVE TENDENZEN zeigen sich nicht nur dort, wo

---

49 In Martin Walsers Roman „Ein springender Brunnen" wird dieser Begriff dem NS-
Ortsgruppenleiter Brugger zugeschrieben (Walser 1998[2], S. 322). In Wilhelm Dittrichs Selbstbeschreibung hat er überdauert. Diese Beobachtung könnte zur Ver-
dichtung des Konzepts „Stillstand von Zeit" beitragen. Ich erwähne dies, um deutlich
zu machen, daß auch Belletristik die Qualität von Datenmaterial annehmen kann.

sie aus „auf dem Hof gewesen" und „beschäftigt" „arbeiten" macht, sondern auch auf andere Weise: Sie ruft ihren Mann zum gemeinsamen Thema zurück („ooch weißte, vom Krieg"), oder sie schmuggelt die Familienthemen wieder ein („unsere Kinder"), ohne damit jedoch Erfolg zu haben.

Zu den Voraussetzungen der Paarbeziehung erfahren wir, daß beide jeweils in Familien eingebunden waren und daß die Paarbeziehung aus der Sicht von Herrn Dittrich letztlich als eine Notgemeinschaft („bevölkerungspolitischer Blindgänger", „eben geheiratet", „keine andere Wahl", „so ganz allein ist auch nich gut") zu betrachten ist.

Analytische Zwischenbilanz

In der Sequenzanalyse der ersten Zeilen des farniliengeschichtlichen Gesprächs sind neue Konzepte hinzugekommen, bereits vorhandene konzeptuelle Überlegungen zur Fallstrukturhypothese wurden verdichtet.

Neu sind Konzepte, die sich auf die *Paarbeziehung* und damit auf die interaktionsstrukturelle Ausgestaltung des Binnenreichs der Familie Dittrich beziehen. Die Partner definieren ihre Paarbeziehung als Notgemeinschaft. In dieser NOTGEMEINSCHAFT VERTRITT DIE EHEFRAU DIE GEMEINSAME PERSPEKTIVE DES PAARES, WÄHREND DER EHEMANN IN SEINER INDIVIDUELLEN PERSPEKTIVE BEFANGEN BLEIBT UND DAMIT DIE GRUNDLAGE VON PAARBEZIEHUNGEN, DIE WECHSELSEITIGE ANERKENNUNG DES ANDEREN[50] NICHT REALISIERT[51] Ein weiterer Aspekt dessen ist die Verwischung von Perspektiven seitens Herrn Dittrichs.

Nun kann man darüber nachdenken, wo diese Perspektivenverwischung bei Herrn Dittrich ihre Genese hat. Im Modell der Struktur der sozialisatorischen Interaktion ist der genetische Ort von Perspektivenübernahme die sozialisatorische Triade[52]. Zu dieser wissen wir aus der Analyse der „objektiven" Daten, die wir hier methodisch kontrolliert als Kontextwissen heranziehen können: Otto Dittrich war als Wanderhändler viel unterwegs. Wilhelm Dittrich, sein Sohn, kehrte das erste Mal auf den Hof seiner Mutter zurück, als er die weiterführende Schule abbrach, und das zweite Mal, als er nach etlichen Wanderjahren und der Kriegszeit den Hof trotz erheblicher Erbauseinandersetzungen übernahm. Er kam also vom Hof (und von der Mutter) nicht los. Er wird ihr enger Vertrauter gewesen sein. Diese Informationen und sich daran anschließende Vermutungen zusammenziehend, heißt das: Es bestand eine enge Beziehung zwischen Wilhelm Dittrich und seiner Mutter in den ersten Lebensjahren, aus der der Vater ausgeschlossen war. Sie war so eng, daß die Entwicklung der Fähigkeit für eine Perspektivenübernahme eingeschränkt war; mit den heute im familiengeschichtlichen Gespräch zu beobachtenden Tendenzen[53].

Jetzt will ich die Ergebnisse der Analyse der Eingangssequenz des familiengeschichtlichen Gesprächs mit den bereits vorhandenen Hypothesen zusammenführen und einen komplexeren Hypothesenzusammenhang entwickeln. Am Ende der Analyse der „objektiven Daten" (Genogrammanalyse) formulierten wir als erste Annäherung an eine

---

50 „Unter den drei Verhältnissen aber, des Mannes und der Frau, der Eltern und der Kinder, der Geschwister als Bruder und Schwester, ist zuerst das *Verhältnis des Mannes* und der *Frau,* das *unmittelbare* Sich-erkennen des einen Bewußtseins im Anderen, und das Erkennen des gegenseitigen Anerkanntseins", vgl. Hegel 1987/1807, S. 321. Hervorhebungen im Original.

51 Folgt man der Logik der Falsifikation, dann ist schon allein dieser Befund geeignet, die inzwischen überholte – Theorie von der „schizophrenogenen Mutter" (Bateson et al. 1969) zurückzuweisen.

52 Vgl. S. 11f.

53 Dies wäre ein Beispiel für abduktives Schlußfolgern.

Fallstrukturhypothese das KONZEPT WIDERSPRUCH ZWISCHEN TRADITIONALER SÄS-
SIGKEIT UND BAUERNWELTFREMDEM INDIVIDUALISMUS. Als Problem für eine gelingende
Lebenspraxis dieser Familie zeigt sich, daß dieser Widerspruch nicht durch eine kühne
Entscheidung für die eine oder andere Lebensform aufgelöst werden kann, sondern daß er
auf Dauer gestellt wird. Das zugehörige Konzept lautet STILLSTAND VON ZEIT.

Für den Gang der Analyse ist besonders wichtig, daß für Konzepte, die an
der einen Materialsorte („objektive Daten") gewonnen wurden, eine Fortset-
zung, Bestätigung und Differenzierung anhand der Analyse einer anderen
Materialsorte (familiengeschichtliches Gespräch) gefunden werden kann.
Auch hier kann man von einer Strukturreproduktion sprechen – was natürlich, wie ich weiter vorne bereits betonte, nur dann methodisch vertretbar ist,
wenn jedes Materialstück *für sich,* ohne Rückgriff auf bereits durchgeführte
Analysen, untersucht wird und so ein „schlechter Zirkel" vermieden wird.
Dies verlangt ein gehöriges Maß an gedanklicher Disziplinierung. Erleich-
ternd ist hier wiederum die Analyse in der Gruppe, vor allem dann, wenn die
Teilnehmerinnen und Teilnehmer mit dem Material nicht vertraut sind und
der oder die Fallvorstellende sich an der Analyse nicht beteiligt.

An dieser Stelle können wir nun auf das weiter vorne als Diagramm for-
mulierte Memo zurückgreifen und die Analyse dadurch vorantreiben, daß wir
die neu entwickelten Konzepte und vermuteten Beziehungen in dieses Diagramm einbauen. Handwerklich können Sie sich diese Arbeit dadurch erleichtern, daß Sie diese Konzepte auf Karteikarten schreiben und verschiedene Möglichkeiten ausprobieren, die Karten zu gruppieren.

Ambivalenz	
abgegrenzt	**bezogen**

milieuweltliche Komponente:
– binnenfamilial:
  Ambivalenz zwischen den Men-
  talitäten einer Bauern- bzw. einer
  Arbeiterfamilie
– im Verhältnis der Familie zu ihrer
  auf sozialen Umgebung: Außen-
  seiter im Dorf, aber auf das Dorf
  verwiesen
	interaktionsstrukturelle Komponente:
	– Paarbeziehung als konflikthafte
	  Arbeitsbeziehung im Rahmen
	  einer Notgemeinschaft
	– gebrochene Perspektivenüber-
	  nahme auf der Paarebene
	– Ehemann befangen in seiner Per-
	  spektive
	– Perspektivenvermischung

Stillstand von Zeit vs. Strukturtransformation

Mit dieser neuen Skizze kann nun auch differenziert werden zwischen
Schlüsselkonzepten und untergeordneten Konzepten, und es kann über Beziehungen nachgedacht werden.

Die nächste Aufgabe besteht nun darin, Konzepte und Beziehungen in
Memos weiter auszuarbeiten und zu überprüfen. Dies geschieht dadurch, daß

man sowohl nach Belegen *für,* vor allem aber auch nach Belegen *gegen* die in den Konzepten formulierten Fallstrukturhypothesen sucht. Dies ist das Thema des nächsten Abschnitts. Dies bedeutet: Bis das Konzept „steht", geht man verifikatorisch vor, um das entwickelte Konzept dann zu falsifizieren.

b) Thematische Analysen

Thematische Analysen des familiengeschichtlichen Gesprächs stellen eine weitere Möglichkeit dar, die bisher erarbeiteten Hypothesen zu überprüfen.

Vorbereitung thematischer Analysen. Zunächst sollten Sie sich eine Übersicht über den Ablauf des familiengeschichtlichen Gesprächs machen. Dazu können Sie das Gespräch Zeile für Zeile durchgehen, Gesprächsthemen identifizieren, die Themen benennen und die Übergänge von einem Thema zum anderen markieren. Diese Themen können Sie dann in eine Liste mit folgenden Rubriken eintragen:

Seite	Thema	Zeile

Durchführung thematischer Analysen. Hierzu schlage ich folgende Vorgehensweise vor:

(1) Mit Hilfe dieser Liste können Sie rasch Themen finden, die sich zur Überprüfung der bisher formulierten Hypothesen eignen.

Nehmen wir z. B. das Konzept STILLSTAND VON ZEIT. Es besagt, daß eine Strukturtransformation in der Familie Dittrich aufgrund der Ambivalenz von Abgrenzung und Bezogenheit blockiert war und ist. Ein äußeres Zeichen für eine Strukturtransformation hätte ein Umzug der Familie Dittrich dorthin sein können, wo es die männlichen Dittrichs seit drei Generationen immer hingezogen hat und wo Frau Dittrich herkommt: ins Ruhrgebiet. Dieser Umzug wäre dann als Anzeichen für eine Strukturtransformation zu betrachten, wenn er einhergegangen wäre mit einer klaren Entscheidung für die Zugehörigkeit zum Arbeitermilieu und gegen die bäuerlich-dörfliche Lebenswelt. Es hätte sich vermutlich nicht um eine Strukturtransformation gehandelt, wäre Herr Dittrich mit seiner Frau auf den Hof ihres Bruders gezogen, um sich dort eine Beschäftigungsnische zu suchen. Denkbar wäre als weitere Möglichkeit i. S. einer Strukturtransformation, daß Herr Dittrich den klassischen Weg des seinen Hof aufgebenden Landwirts gegangen wäre und eine Beschäftigung im öffentlichen Dienst gesucht hätte, was u. U. mit einem Umzug verbunden gewesen wäre. Auch diese Entscheidung hätte die ambivalente Position der Familie aufgelöst.

Ein solches Thema finden wir auch im folgenden Ausschnitt. Wir nennen es „Umzugspläne ins Ruhrgebiet". Dort spreche ich Frau Dittrich direkt auf dieses Thema an[54]:

---

54 Da eine Sequenzanalyse nicht beabsichtigt ist, bediene ich mich der konventionellen Interpunktionszeichen.

I: *Frau Dittrich, hatten Sie früher schon mal überlegt, nach Wetter zu gehen? Ihr Mann hatte ja angedeutet, ihm war es im Prinzip egal, ob er hier bleibt oder ins Ruhrgebiet geht.*

M: *Ja sicher, wir konnten damals das Haus da bekommen. Ich täts ja gern, aber er kann die Luft nicht so gut vertragen im Kohlenpott.*

I: *mhm*

V: *ja*

M: *Frank auch nicht. Er ist dann schon mal zu Hause gewesen, aber du machtest dich immer schnell weg ((leichtes Lachen)), wenn er bei uns war, wenn wir unsere Mutter abholten.*

V: *Ich fühlte mich im Kohlenpott nicht wohl, nee. Nee, nee. Wenn man da mit nem weißen Oberhemd rumgelaufen war und kam dann nach ein paar Stunden nach Hause, dann wars schwarz.*

Eine halbe Seite weiter, während Vater Dittrich bereits wieder eine Geschichte aus dem Krieg (Gespräche mit Flüchtlingen aus Schlesien) begonnen hat:

M: *Tätest Du denn nach Wetter ziehen?*

F: *Ja, wenn wir ein ruhiges Plätzchen wie hier finden würden*

Diese Passage aus dem familiengeschichtlichen Gespräch zeigt schon vieles, selbst dann, wenn man bei der Analyse nur auf der inhaltlichen Ebene bleibt: Der Umzug ins Ruhrgebiet ist keine Frage, die die Vergangenheit betrifft, sondern ist für Frau Dittrich eine Frage der Gegenwart: „Ich täts ja gern." Herrn Dittrichs Erfahrungen mit dem Ruhrgebiet liegen tief in der Vergangenheit – das verrußte Ruhrgebiet ist seit den 70er Jahren des 20. Jh. Geschichte. Er hat immer am jetzigen Wohnort festgehalten; die Umzugsthematik, wenn sie ihn je ernsthaft beschäftigte, ist für ihn längst abgeschlossen. Und es ist Frank, der keine klare Position bezieht, sondern es jedem recht machen will: Einerseits hält er die Umzugsfrage offen und optiert damit für seine Mutter, andererseits macht er den Umzug von Bedingungen abhängig, die einen größeren Elan erfordern, um sie zu realisieren, als die Familie derzeit aufzubringen in der Lage ist.

Zur Interaktionsstruktur ist also festzustellen, daß der Vater nicht nur mit der Weigerung, über einen Umzug nachzudenken, den STILLSTAND VON ZEIT produziert, sondern dies verschärft dadurch, daß er sich aus dem lebenspraktischen Entscheidungszusammenhang Paar bzw. Familie weitgehend zurückgezogen hat.

Aber selbst, wenn er in einen Umzug eingewilligt hätte, ist die Frage, ob dies gleichzusetzen gewesen wäre mit einer Strukturtransformation. Denn so, wie er an seinem Geburtsort hängt, hängt Frau Dittrich an ihrer Herkunftsfamilie: Dort ist immer noch ihr Zuhause. Eisental, heißt das im Umkehrschluß, ist nicht ihr primäres Zuhause, und das bedeutet, daß sie den Übergang von der Eltern-Kind-Beziehung zur Paarbeziehung nur eingeschränkt realisiert hat.

Ich gebe nun ein weiteres Beispiel für eine Überprüfungsstrategie von Hypothesen anhand der thematischen Analyse im vorliegenden Fall. Wiederum beziehe ich mich auf ein zentrales Konzept, das der AMBIVALENZ VON ABGEGRENZTHEIT UND BEZOGENHEIT.

Zunächst zur ABGEGRENZTHEIT. Im Familiengespräch finden wir folgende Stelle:

V: *Wenn ich nachm Bauern geh, kann ich mich nur über ihren weltlichen Zustand unterhalten, weil ich das ja auch kenne, wie das schwierig ist, der Kampf mit der Witterung, nicht wahr, und dann verdirbt das Heu.*

M: *ja, das alltägliche Leben*
V: *und dann kommt die Ernte nicht trocken rein, dann ist das Vieh krank, nicht, das*
   kennen wir ja alles. Dann haben sie mich die erste Zeit auch schon mal geholt, auch
   wie ich beim Unternehmer gearbeitet hatte, und sagten, du bist doch Melker gewe-
   sen, hier der Nachbar da, da kalbt ne Kuh, geh mal hin, ich sag, ich arbeite doch
   nicht bei den Leuten, haben sie denn dir was gegeben?

Und später:

V: *das ist ja kein Umgang für uns im Dorf*
M: *ja, Kirche und sonst (-)*
V: *wenn ich denen was über Technik erzähle und so weiter, ne*
M: *((wirft ein:)) Wirtschaft ((gemeint ist das Gasthaus))*
V: *das verstehn die Leute ja im Dorf nicht*
M: *die verstehn das nicht die ham ja nur Landwirtschaft*

Dies ist ein deutliches Beispiel für ABGEGRENZTHEIT, aus dem im übrigen auch ein gehö-
riges Maß an Arroganz der Dittrichs gegenüber den Dorfbewohnern spricht. Sie zeigt sich
nicht nur im manifesten Gehalt der Aussage („das ist kein Umgang"), sondern auch in der
Grammatik: Dittrich sen. sagt nicht, mit *wem* er sich unterhalten kann, wenn er „nach dem
Bauern geht", tilgt also die Bezugsperson und reproduziert damit das Muster GE-
BROCHENER REZIPROZITÄT.

Allerdings klingt in dieser Passage eine zweite Melodie mit, die von Frau Dittrich
angeschlagen wird und auf Bezogenheit hindeutet: Wirtschaft und Kirche sind die zentralen Orte dörflicher Vergemeinschaftung, an denen auch die Dittrichs ihren Platz haben.
Noch deutlicher wird dies an einer anderen Stelle im familiengeschichtlichen Gespräch,
an der in einem typischen dörflichen Muster Verwandtschaftsbeziehungen erörtert werden, die die Zugehörigkeit dieser Familie zum Dorf belegen und den AMBIVALENZCHA-
RAKTER VON ABGEGRENZTHEIT UND BEZOGENHEIT unterstreichen.

Die als Beispiel für Überprüfungsstrategien herangezogenen Passagen aus
dem familiengeschichtlichen Gespräch gewinnen vor allem dann Plausibilität, wenn sie sequentiell analysiert werden. Darauf habe ich aus Platzgründen
verzichtet.

Die thematische Analyse kann auch entlang den Vorgehensweisen bei
der Analyse von narrativen Interviews i. S. von Fritz Schütze (1984) durchgeführt werden. Bei der Analyse narrativer Interviews beginnt man mit der
Rekonstruktion der formalen Strukturen. Riemann schreibt über sein metho-
disches Vorgehen bei der Analyse von narrativen Interviews mit psychiatrischen Patienten, daß dabei „festgehalten (wurde), wo die Erzählung jeweils
begann und wo sie aufhörte; die eindeutig narrativen Textpassagen wurden
von den nicht-narrativen unterschieden (...); der Erzähltext wurde auf seine
formalen Abschnitte hin segmentiert, indem man sich – einer alltagsweltlichen Zuhörerkompetenz vertrauend – an den narrativen Rahmenschaltele-
menten orientierte, die dem Erzähler dazu gedient haben, Darstellungsein-
heiten abzuschließen und neue anzuknüpfen" (Riemann 1987, S. 55). Bei
familiengeschichtlichen Gesprächen, bei denen es ja im Regelfall mehr als
einen Erzähler gibt, kommen folgende Beobachtungsschwerpunkte hinzu, die
sich auf den interaktionsstrukturellen Aspekt beim gemeinsamen Erzählen

beziehen: Wer bringt ein Thema auf? Wie wird es von den anderen Teilnehmern aufgenommen, und von wem? Wer zieht die Definitionsmacht an sich? Wie wird das Thema zu Ende gebracht?

Folgt man Schützes Konzept der Analyse von biographischen Interviews, dann würde sich der formalen Analyse die „strukturelle Beschreibung" anschließen. Hier gilt es, die „im jeweiligen Text repräsentierten biographischen und sonstigen sozialen Prozesse so genau wie möglich zu erfassen, d. h. ihren Phasenablauf, ihre Bedingungen und Folgen herauszuarbeiten" (Riemann 1987, S. 55).

Solche Phasenabläufe im „narrativen Interview" werden vorrangig, aber auch nicht immer, dann zu beobachten sein, wenn man mit dem beim „narrativen Interview" üblichen Eingangsstimulus „Dann würde ich Sie bitten, einfach mit Ihrer Lebensgeschichte anzufangen" (Riemann 1987, S. 46) beginnt. Fragt man demgegenüber nach „Geschichten aus der Familie", wie wir es tun, dann ergibt sich eher eine Collage von Geschichten, welche zwar innerhalb der einzelnen Segmente dem Erzählschema folgen, aber keine übergreifende Erzähllinie ergeben. Dies gilt es bei der „strukturellen Beschreibung" zu berücksichtigen.

7. Dokumentenanalyse

Im Zuge der weiteren Überprüfung der sich entwickelnden Fallstrukturhypothese wird man – wenn man es nicht schon früher getan hat – Dokumente heranziehen. Bevor ich zur Praxis der Dokumentenanalyse komme, will ich zunächst das Thema des Verhältnisses von Text und Sprache anreißen.

Gegenstand der fallrekonstruktiven Familienforschung in der Perspektive der Objektiven Hermeneutik ist die Regelgeleitetheit sozialisatorischer Interaktion. Diese Interaktion hat (wie generell die Auseinandersetzung der Lebenspraxis mit ihren Anforderungen) „die natürliche Form der Face-to-face-Interaktion" (Oevermann 1986, S. 57). Diese wird sequentiell analysierbar, sobald sie in einen Text umgewandelt ist.

Dokumente stellen demgegenüber geronnene Interaktionen dar. Für die Objektive Hermeneutik haben sie demnach, wenn es um Themen der Sozialisation geht, eine sekundäre Bedeutung.

Anders in der Milieuperspektive. Hier sind Dokumente Bestände und Zeugnisse eines Verweisungszusammenhangs eines Milieus und damit notwendig ein Teil dieses Milieus, der in der Fallrekonstruktion entsprechend als Kontext regelgeleiteten Handels zu berücksichtigen ist. So ist ein Tisch nicht einfach ein Tisch, sondern ein Tisch in einem spezifischen, historisch vermittelten Kontext eines Milieus (ein Gegenstand in der „Zeitlichkeit der Alltäglichkeit"): „An dem Tisch da führten wir damals die und die Diskussion; hier fiel damals jene Entscheidung mit einem *Freund*, da wurde damals

Hervorhebungen im Original).

Wie sind dann die Dokumente[55] zu bestimmen, die eine Rolle in der fallrekonstruktiven Familienforschung spielen? In der Brockhaus-Enzyklopädie wird ein Dokument definiert als „das zur Belehrung über etwas oder zur Erhellung von etwas Dienliche", der Begriff geht zurück auf das lateinische Verb *docere,* also lehren. Diese Definition ist zwar sehr allgemein gehalten, aber sie hilft uns hier weiter: Analysefähig sind jene Dokumente, die über ein Familienmilieu belehren. Dies tun sie jedoch nicht unmittelbar von sich aus, sie müssen vom Forscher als relevant erkannt und ausgewählt werden. Manchmal findet er (oder sie) ein Dokument durch systematische Suche, manchmal drängt sich ein Dokument als bedeutsam von sich aus auf. Immer aber sind Dokumente Ergebnisse menschlichen Handeins, sie sind nicht für sich genommen, sondern in ihrem Verweisungszusammenhang und im Handlungskontext bedeutsam. Erst in dieser Bedeutung leisten sie ihren Beitrag zum Ausdruck einer Fallstruktur einer Familie, den es zu interpretieren gilt.[56]

Wie bei der Dokumentenanalyse vorzugehen ist, vor allem, welche Art von Dokumenten Sie berücksichtigen sollten, läßt sich demnach nicht vorab festschreiben, sondern hängt von Ihrem Erkenntnisinteresse, vom Gang der Studie, von der Aussagefähigkeit des bereits erhobenen Materials und von Ihrer Findigkcit und Neugier ab.

So hängt z. B. in der Küche der Dittrichs eines jener Holztäfelchen, das man in Andenkenläden kaufen kann. Darauf steht zu lesen:

---

55 Mit der Dokumentenanalyse, wie sie hier verstanden wird, darf die „dokumentarische Methode" nicht verwechselt werden. Diese, ursprünglich von Mannheim entwickelt, hat via Garfinkel Einzug in die interpretative Sozialforschung gehalten. Sie bildet den Kern des Ansatzes der fallrekonstruktiven Sozialforschung, der von Bohnsack vertreten wird (vgl. Bohnsack 1995, 1997).

56 Ein Beispiel für eine ausführliche Verwendung von Dokumenten in einer Fallrekonstruktion bieten Haupert und Schäfer 1991.

> **Lob der Landwirtschaft**
>
> Wir Bauern schaffen mit fleißiger Hand
> Wir halten Sturm und Wetter stand
> Wir arbeiten nicht acht Stunden nur
> Uns stellt der Herrgott die Arbeitsuhr

Angenommen, Sie haben dieses Täfelchen vor Augen, während Dittrich sen. sagt: „Wenn ich nach dem Bauern geh, kann ich mich nur über ihren weltlichen Zustand unterhalten", sekundiert von der Mutter: „das ist kein Umgang für uns im Dorf". Sie werden – offen für den gesamten Verweisungszusammenhang des Milieus der Familie Dittrich und nicht reduziert auf das Geschehen im Interview – eine Beziehung zwischen beiden Informationen herstellen, und das wird der Anlaß für ein *Memo* zum Thema Ambivalenz sein. Dazu ist aber wichtig, daß Sie den Text auf dieser Tafel (die ja nicht zufällig da hängt, sondern ausgewählt worden ist und damit die Sinnstruktur dieser Familienwelt repräsentiert), notiert haben.

Am Beginn einer Fallstudie ziehen Sie vorzugsweise solche Dokumente heran, die Ihnen eine allgemeine Orientierung über diese Familie in ihrem Milieu geben: Landkarten zeigen an, wie der Ort, in dem die Familie lebt, in bezug auf die nächste Stadt liegt, welche Verkehrswege es gibt, kurz: Sie sagen etwas über den Urbanisierungsgrad des Ortes und indirekt etwas über die zu untersuchende Familie, die diesen Ort als Wohnort gewählt hat. Stadtpläne und Straßennamen geben Auskunft über die Wohnlage der Familie und damit über die soziale Schicht, die die Umgebung der Familie bildet und der sich die Familie durch die Wahl dieses Platzes zurechnet.[57] Ortschroniken (oftmals verfaßt anläßlich von Jubiläen der ersten urkundlichen Erwähnung, der Verleihung des Stadtrechts etc.) geben einen allgemeinen historischen Rahmen, innerhalb dessen eine Familiengeschichte sich entwickelt hat.

Mit Fortschreiten der Fallstudie werden Sie gezielt Dokumente zur Differenzierung und zur Falsifikation von Hypothesen heranziehen.

Sie erinnern sich, daß sich der Vater von Herrn Dittrich sen. als Wanderhändler betätigte. Mich interessierte nun die Frage, welche Personengruppen zu der fraglichen Zeit (zwischen 1910 und 1920) in Eisental diesem Erwerb nachgingen. Dies zu wissen war wichtig für die Hypothesenbildung, denn die Frage war ja, in welchem Ansehen der Wanderhandel stand: War er Quelle persönlicher Sonderleistungen, oder war er eher eine gewöhnliche Beschäftigung, aus Not geboren in karger Umgebung?

Der Ort, wo man diesen Fragen nachgehen kann, ist das Gemeindearchiv, wenn es ein solches gibt. Falls nicht, lohnt sich eine Fahrt in das Staatsarchiv des jeweiligen Bundeslandes.

---

57 Welche Geschichten fallen Ihnen zu einer Familie ein, die in Südbaden in einer Kleinstadt in der Breslauer Straße lebt?

Im vorliegenden Falle verfügt die Kreisstadt über ein kleines, liebevoll eingerichtetes, aber unprofessionell geführtes Archiv, das von einem Sachbearbeiter des Einwohnermeldeamtes nebenbei betreut wird, der mich bereitwillig in die Bestände einführte.

Zunächst wurde ich zum Thema Wanderhandel fündig. Ich fand die Originale der in den in Frage kommenden Jahrzehnten ausgestellten Wandergewerbescheine. Diesen Informationen zufolge fand der Wanderhandel vorwiegend während der wenig arbeitsintensiven Phasen des landwirtschaftlichen Jahreszyklus, also zwischen November und März, statt und wurde dann auch von den Bauern betrieben, während das ganze Jahr über vor allem Knechte in Zeiten, in denen sie keine Anstellung hatten, diesem Gewerbe nachgingen.

Bezogen auf die Analyse der objektiven Daten der Familie Dittrich bedeutet das: NICHT DIE TATSACHE, DAß FRANKS GROßVATER WANDERHÄNDLER WAR, VERSCHAFFTE DIESER FAMILIE EINE HERAUSGEHOBENE STELLUNG IM DORF, SONDERN DIE TATSACHE, DAß ER FINANZIELL ERFOLGREICH WAR UND DAß ER DIE ERTRÄGE NICHT IN DIE ERWEITERUNG DER LANDWIRTSCHAFT, SONDERN IN DIE AUSBILDUNG SEINER BEIDEN ÄLTESTEN SÖHNE UND DAMIT IN DEN AUSSTIEG DER FOLGENDEN GENERATION AUS DER LANDWIRTSCHAFT INVESTIERTE.

Soweit also die Bestätigung und Konkretisierung einer bereits entwickelten Fallstrukturhypothese. Der entscheidende Fund gelang mir dann, als ich die in diesem Archiv ebenfalls aufbewahrten Zeitungsausschnitte vom Anfang dieses Jahrhunderts ansah.

Die Familienkatastrophe

In einem dieser Ausschnitte war die Notiz zu lesen, daß ein Dittrich einen Mann angeschossen und sich daraufhin im Gefängnis erhängt habe. Dies war der Vater von Herrn Dittrich sen., also der Wanderhändler.

Der Archivar konnte mir weiteres erzählen: Dittrich sei zurückgekommen von einer Handelsreise und habe von einem Dorfbewohner die Information zugesteckt bekommen, seine Frau „habe etwas" mit einem Nachbarn. Dittrich stellte diesen Nachbarn zur Rede und schoß ihn an. Nachdem Otto Dittrich sich erhängt hatte, mußte Wilhelm die Realschule verlassen, der ältere Bruder konnte mit Hilfe eines Stipendiums die Schule zu Ende führen. Letzterer wurde als „Schizophrener" im Zuge des Euthanasieprogramms ermordet.

Diese Informationen machten schlagartig manches klar, z. B. die ausführlichen Erörterungen am Beginn des familiengeschichtlichen Gesprächs zum Thema „Stammbaumerkundung". Bedeutsam ist auch, daß die Familie bis heute nicht über das Trauma, das mit dieser Katastrophe verbunden ist, sprechen kann oder will und in der Untersuchung darüber schweigt. Der Zeitungsausschnitt ist ein Dokument, das in dieser Familiengeschichte eine zentrale Rolle spielt (und von den Dittrichs vermutlich irgendwo aufbewahrt, sicher aber erinnert wird).

Im konkreten Fall fügen diese Erkenntnisse aus dem Archiv der bisher entwickelten Fallstrukturhypothese nichts Neues hinzu, sondern radikalisieren sie:

DER WANDERHÄNDLER DITTRICH (GROßELTERNGENERATION) VEREINIGT IN SICH ZWEI WIDERSPRÜCHLICHE TENDENZEN, DIE TENDENZ DER BEWAHRUNG DER HOFTRADITION UND DIE TENDENZ DER TRANSFORMATION. ALS BAUER UND WANDERHÄNDLER KANN ER BEIDE TENDENZEN AUSLEBEN, ABER SEINEN SÖHNEN VERSCHAFFT ER ZUNÄCHST DIE GRUNDLAGE DAFÜR, DAß SIE, MIT EINER GUTEN AUSBILDUNG (HUMANKAPITAL) VERSEHEN, DEN ÜBERGANG IN EINE URBANE LEBENSFORM SCHAFFEN KÖNNEN. DIE KATASTROPHE DES MORDVERSUCHS (ES GEHÖRT NICHT VIEL PHANTASIE DAZU, DIE BESCHULDIGUNG VON DITTRICHS EHEFRAU ALS RACHE DER DORFBEWOHNER FÜR DIE AUS SICHT DES DORFES EXZENTRISCHEN AMBITIONEN DIESER FAMILIE ZU DEUTEN) TRIFFT DIE

SÖHNE ZU EINEM DENKBAR UNGÜNSTIGEN ZEITPUNKT: SIE SIND LANGE GENUG IN DER SCHULE, UM DEM DORF ENTFREMDET ZU SEIN, ABER NOCH NICHT BEREIT, EMOTIONAL UND MATERIELL AUF EIGENEN FÜßEN ZU STEHEN. FRANKS VATER (ELTERNGENERATION), DER ZURÜCK INS DORF UND AUF DEN ELTERLICHEN HOF MUß, UM DORT DEN VATER ZU ERSETZEN, IST SICH „ZU SCHADE" FÜR EINE DORFTYPISCHE BERUFSLEHRE, KANN ABER AUCH NICHT, DA GEBUNDEN AN DEN HOF, ANDERES ANSTREBEN. SO BLEIBT ER OHNE BERUF, WIRD ZUM RASTLOSEN WANDERER ZWISCHEN DEN WELTEN UND LEGT SICH EINEN SONDERLINGSHABITUS IM DORF ZU.

Um von hier aus die Studie weiterzutreiben, können Sie nun folgende Frage stellen, die die Generation des Sohnes Frank betrifft: Was sind die familiengeschichtlichen Rahmenbedingungen für die Sozialisation des Sohnes Frank? Die Antwort wäre: FRANKS INDIVIDUIERUNGSLEISTUNG BESTÜNDE DARIN, GEGEN DAS SEIT ZWEI GENERATIONEN BESTEHENDE FAMILIENMUSTER DER ABGRENZUNG VOM „GEWÖHNLICHEN DORF" DIE LAUFBAHN EINES „GEWÖHNLICHEN DORFBUBEN" EINZUSCHLAGEN.[58]

8. Abschließende Integration der Fallstrukturhypothese und Schreiben einer Fallmonographie

Im Kapitel 9 seines Buches „Grundlagen qualitativer Sozialforschung", in dem es um die Integration von Interpretationen geht, zitiert Strauss abschließend Paul Atkinson zu diesem Thema. Atkinson schreibt in einem Brief an Strauss, bei der Integration einer Forschungsarbeit sei es schwer, „die richtige Mischung zu finden aus (a) dem *Glauben*, daß die Integration erreicht werden kann und wird; (b) der Erkenntnis, daß man an der Integration *arbeiten* muß und sie nicht auf romantischer Inspiration beruht; (c) daß die Integration nicht mit der Lösung eines Rätsels oder eines mathematischen Problems vergleichbar ist, sondern *geschaffen* werden muß; (d) daß man nicht immer *alle Fäden* in einer Version zusammenbringen kann und daß aus einem Forschungsprojekt verschiedene Versionen der Integration hervorgehen können" (Atkinson, zitiert in Strauss 1994, S. 273).

Atkinson weist hier auf einige Punkte hin, die zum einen die Gemeinsamkeiten, zum anderen aber auch die Unterschiede zwischen Grounded Theory und strukturalen Ansätzen interpretativer Sozialforschung scharf ausleuchten. Zu (a): Am Beginn einer Fallrekonstruktion können Sie in der Tat zunächst einmal in der Ungewißheit stehen, ob Sie in dem Material, das Ihnen vorliegt, überhaupt Struktur erkennen können. Hier helfen Ihnen das Vertrauen in die eigene Forschungserfahrung, die Gewißheit, daß „order at all points" vorliegt, das Vertrauen in die Leistungsfähigkeit der Methode der

---

58 *Was* er dann auch tut, jedoch dabei scheitert. Dies wäre jedenfalls die soziologische Diagnose bezüglich der „psychischen Krankheit" von Frank Dittrich. Vgl. dazu ausführlich Hildenbrand 1988.

Sequenzanalyse und die disziplinierte Arbeit in der Gruppe. (b) Die Gegen-überstellung von Arbeit und Inspiration wird der Grounded Theory nicht ge-recht, und auch die Objektive Hermeneutik betont den Charakter dieser Analyserichtung als Kunstlehre. Weder bringt Arbeit alleine eine Fallstruk-turhypothese hervor, denn die Logik des abduktiven Schließens bedarf der Einfallskraft (dies ist der Grund, weshalb Doyle Sherlock Holmes Doc Watson zur Seite gestellt hat. Watson vertritt die Seite des arbeitseifrigen All-tagsverstandes, und er trifft, wie man weiß, immer daneben). Aber die Inspi-ration reicht auch nicht aus. Beide, Arbeit und Inspiration, müssen eine fruchtbare Verbindung eingehen, und zwar in der Form der Kunstlehre, ähn-lich, wie der Künstler sein Handwerk beherrschen muß, wie ihm Einfälle kommen müssen. Das Problem liegt in Atkinsons Begriff der Romantik. Die historische Leistung der Romantik ist es gewesen, den unvoreingenommenen Blick zu schärfen – jenen Blick, ohne den der Sozialforscher oder die Sozial-forscherin nicht auskommt. (c) In den Kern der Diskussion um die adäquate Methodologie trifft die Gegenüberstellung von „Lösung eines Rätsels" einer-seits, Integration als einem „Geschaffenem" andererseits. Üblicherweise wird hier mit folgender Frage operiert: Liegen die Strukturen im Material und müssen sie nur geborgen werden (dies ist die Auffassung des Strukturalismus von Lévi-Strauss bis Oevermann), oder handelt es sich hier um ein „von uns geschaffenes reines Gedankengebilde", wie Weber im Objektivitätsaufsatz schreibt (Weber 1988, S. 197) und Atkinson offenbar meint? Folgerichtig ist (d) Atkinson der Auffassung, daß es „verschiedene Versionen der Integrati-on" geben könne, während für einen harten Strukturalisten selbstverständlich nur *eine* Fallstrukturgesetzlichkeit in einem gegebenen Fall zu rekonstruieren ist. Konsequenterweise müßte man deshalb, so wäre hinzuzufügen, in der strukturalistischen Position von *der,* in der Tradition der Verstehenden So-ziologie von *einer* Fallstrukturhypothese (bei Weber heißt das: Idealtypus) sprechen.

Am Ende ist diese Gegenüberstellung in sich unangemessen, und eine Fallstruktur ist weder etwas Gefundenes noch etwas Gemachtes. Es ließe sich auch sagen: *Eine Fallstruktur ist das, was der Forscher aus dem gemacht hat, was er gefunden hat.* Aus unterschiedlichen Perspektiven schauen unter-schiedliche Wissenschaftler und Wissenschaftlerinnen auf ein Identisches, einen Fall, und rekonstruieren dessen Strukturierungsgesetzlichkeit, die in ei-ner Hinsicht je nach Perspektive variiert, in anderer Hinsicht jedoch um einen identischen Kern kreist. Dieser identische Kern ist jener, der nach universel-len Regeln strukturiert und eben nicht beliebig ist.[59]

---

59 Interessant ist, wie dieses Problem aus struktural-phänomenologischer Perspektive grundlagentheoretisch verhandelt wird. Merleau-Pontys Lösung des Problems be-steht darin, nicht nach einem verborgenen Sinn der Geschichte (sein von Hegel übernommener Begriff für universelle Strukturen) zu suchen, sondern menschliche Praxis zu rekonstruieren und im übrigen anzunehmen, daß diese Praxis in Auseinan-dersetzung mit der Logik der Geschichte zukunftsoffen ist, also Strukturen auch

Nach diesen grundlagentheoretischen Überlegungen komme ich nun zu den praktischen Fragen der Integration einer Fallstrukturhypothese. Dazu gehören: (1) Wann beginnt man, über die Integration der Memos und damit über die Fallmonographie nachzudenken? (2) Was ist das Ergebnis der Integration? Welchen Bezug hat dieses Ergebnis zu der Theorie, die aus den Daten entwickelt werden soll? (3) Wann ist eine Fallmonographie vollständig? Welcher Begriff von Vollständigkeit wird zugrunde gelegt? (4) Wie schreibt man eine gute Fallmonographie? Diese Fragen sollen nun der Reihe nach behandelt werden.

(1) *Wann beginnt man mit der Integration der Memos?* Glaser schlägt vor, mit der Integration von Memos in der Weise zu beginnen, daß man einfach „die Kategorien und ihre Eigenschaften in den Memos nach Ähnlichkeiten, Verbindungen und begrifflichen Rangfolgen ordnet" (Glaser 1978, S. 117). Dies klingt so, als ob die Entdeckung von Zusammenhängen zwischen den Konzepten (die er Kategorien nennt) erst nach der vollständigen Ausformulierung der Konzepte systematisch erfolgen würde. Anhand der Studie der Familie Dittrich konnten Sie jedoch sehen, daß von vornherein in Zusammenhängen gedacht wurde. Die Integration von Konzepten zu einer zentralen Fallstrukturhypothese ging Hand in Hand mit der Formulierung von Konzepten. Das heißt: Die Entwicklung von Konzepten und deren Integration verläuft gleichursprünglich und nicht, wie Glaser meint, Schritt für Schritt. Voraussetzung dafür ist die konsequent struktural-hermeneutische Analyse, da von Anfang an in Zusammenhängen gedacht wird. Sowohl Grounded Theory als auch Objektive Hermeneutik sind Verfahren des konstanten Vergleichs.[60]

(2) *Was ist das Ergebnis einer Integration?* Ergebnis der Integration einer Fallstrukturhypothese ist die Darstellung der zentralen Muster eines Falles in Form einer Fallmonographie. Diese Fallmonographie bildet dann die Ausgangsbasis für die Auswahl des nächsten Falles – hierin unterscheidet sich unser Ansatz grundsätzlich von dem der Grounded Theory, bei der von vornherein quer durch die Fälle hindurch nach den aus den Konzepten sich

---

überwinden kann (Merleau-Ponty 1973, S. 73, vgl. hierzu auch Waldenfels 1987, Kap. E). Schütz' Diskussion der Husserlschen Unterscheidung zwischen Typus und Eidos, zwischen lebensweltlich spezifischer Variation und universeller Struktur, um in der hier verwendeten Begrifflichkeit zu bleiben, endet mit der unbeantworteten Frage, ob es sich bei dieser Unterscheidung um eine graduelle oder qualitative handelt (Schütz 1971a, S. 152). Wenn die Grenzen zwischen beiden durchlässig werden, können wir nicht mehr von den universellen Strukturen als einem Algorithmus ausgehen.

60 Ich habe in diesem Kapitel nur schlaglichtartig nachgezeichnet, wie wir auf die Fallstrukturhypothese der Familie Dittrich gekommen sind. Eine Reihe von Memos konnte ich aus Platzgründen – aber auch aus systematischen Gründen, denn Sie werden ja eher wissen wollen, wie eine Fallrekonstruktion durchgeführt wird, und weniger an der Familie Dittrich interessiert sein – nicht aufnehmen (vgl. Hildenbrand 1988, Hildenbrand und Müller 1984, Steffens 2001).

entwickelnden Themen verglichen wird (vgl. dazu Kap. III). Deshalb sprechen wir hier noch nicht von der Integration einer Theorie, sondern von der
Integration von Fallstrukturhypothesen.

(3) *Wann ist eine Fallmonographie vollständig?* Sie ist dann vollständig,
wenn die Fallstrukturhypothese in sich schlüssig ausgearbeitet ist, d. h. wenn
sowohl die Konzepte als auch die Bezüge zwischen den Konzepten klar formuliert werden können. Dieser Typ von Vollständigkeit ist ein anderer als
jener der traditionellen ethnographischen Forschung, die in einer Art Inventar
unterschiedliche, theoretisch bereits vor der Studie definierte Bereiche wie
Familien- und Verwandtschaftssystem, materielle Kultur, soziale Beziehungen etc. erfaßt. Wir vertreten die Auffassung, daß Vollständigkeit nach dem
Kriterium der „Sättigung" (Strauss 1994) in der Entwicklung einer Fallstrukturhypothese gemessen wird.

Dabei ist es eine andere Frage, in welchem Differenziertheitsgrad Aspekte einer Fallstrukturhypothese ausgearbeitet werden. Um das Beispiel der
Fallstudie der Familie Dittrich heranzuziehen: Wer sich mit den Strukturen
der sozialisatorischen Interaktion in Familien „Schizophrener" beschäftigt,
wird den Bereich der innerfamilialen Interaktion stärker ausarbeiten als den
Bereich der Integration der Familie im Dorf. Letzteres wird aber gerade dann
interessant, wenn das Thema „soziale Unterstützung bei Familien psychisch
Kranker" im Mittelpunkt stehen sollte. Ein solches Thema kann aber nicht
zureichend erschlossen werden, wenn die Strukturen der sozialisatorischen
Interaktion und damit die innerfamiliale Interaktion samt deren Vorge-
schichte über Generationen hinweg nicht untersucht worden sind.

Dies bedeutet: In der fallrekonstruktiven Familienforschung ist es unverzichtbar, eine Fallstrukturhypothese vollständig, d. h. integriert, auszuarbeiten. Der Grad der Differenziertheit bei der Ausarbeitung hängt dann vom
Forschungsthema ab.

(4) *Wie schreibt man eine Fallmonographie?* Beim Schreiben einer Fallmonographie sind Sie mit einer widersprüchlichen Aufgabe konfrontiert: Einerseits sollte die Fallmonographie so differenziert ausfallen, daß Ihre Leserinnen und Leser in der Lage sind, die Plausibilität Ihrer Interpretationen
selbst zu überprüfen. Oevermann hat diese Aufgabe zunächst so „gelöst",
daß er seitenlang Sequenzanalysen abgedruckt und diese mit theoretischen
Exkursen aufgeladen hat.[61] Dies ist keine befriedigende Lösung und allenfalls insofern interessant, als hier die Arbeitsweise der Objektiven Hermeneutik nachvollzogen werden kann. Auch die später vorgeschlagene Lösung
überzeugt nicht, da wiederum die Sequentialität des Materials apodiktisch die
Richtschnur für die Falldarstellung abgeben soll (Oevermann 1993, S. 265f.).

---

61 Als Beispiel vgl. Oevermann 1988. Beispiele für gelungene Fallmonographien: Oevermann 1990, Oevermann, Schuster und Simm 1985. Beide Studien werden in der
Literatur zur Objektiven Hermeneutik kaum erwähnt – die Werkzeuge sind offenbar
interessanter als die Dinge, die man damit herstellen kann.

Während die Fallmonographie also einerseits ausführlich genug sein soll, um überprüft werden zu können, soll sie andererseits kurz genug sein, um in einem Forschungsbericht vollständig erscheinen zu können. Sie sollte also ca. 20 Druckseiten nicht überschreiten.

Eine Alternative wäre, die Fallmonographie schriftstellerisch zu *gestalten*. Dabei können Sie die wesentlichen Elemente der Fallstrukturhypothese exemplarisch anhand von Material und dessen Analyse verdeutlichen, z. B. in der Form, daß Sie jeweils eine „schöne Stelle" herausziehen und interpretieren.[62]

Ein letzter Punkt zum Thema Integration der Fallstrukturhypothese und Schreiben einer Fallstrukturmonographie: Soeffner zitiert Robert Musil mit folgenden Worten: „Sobald er imstande ist, die Ereignisse in der Reihenfolge ihres zeitlichen Ablaufs wiederzugeben, wird ihm so wohl, als schiene ihm die Sonne auf den Magen" (Musil, zitiert nach Soeffner 1989, S. 108). Dies kann man auch vom Wissenschaftler und seinen Empfindungen sagen, wenn er erfolgreich eine Fallstrukturhypothese in der Gruppe rekonstruiert und angemessen in einer Fallmonographie dargestellt hat. Vor lauter Wohlsein kann er oder sie jedoch meinen, eine Apparatur erfunden zu haben, die für immer und ewig den Fall hervorbringt. Dies würde jedoch bedeuten, man habe als Sozialwissenschaftler einen Käfig errichtet, aus dem der Fall nicht mehr entweichen kann. In der Lebenspraxis gibt es dafür keine Entsprechung. Fälle ändern sich, Strukturen werden nicht nur reproduziert, es kommt auch vor, daß sie sich transformieren – Fälle (Familien) sind zukunftsoffen.[63]

Gegen dieses Verwechseln einer Fallstrukturhypothese mit einem eisernen Käfig hilft, in jeder Fallmonographie einer Familie Überlegungen anzustellen darüber, welche Transformationsmöglichkeiten in Richtung auf eine gelingende, d.h. autonomiesichernde Lebenspraxis diese Familie hat, und diese Prognose in einer Nachuntersuchung in angemessenem Zeitraum (mindestens fünf Jahre) zu überprüfen.[64]

Und schließlich hilft gegen das Kasernieren von Familien in Fallstrukturhypothesen, wenn Sie bei der Rekonstruktion von Fallstrukturen nicht fanatisch nach Pathologischem suchen, das der Familie *nachgewiesen* wird,[65] sondern vorurteilsfrei die Lebenspraxis dieser Familie rekonstruieren und im übrigen dieser Lebenspraxis gegenüber bescheiden sind.

---

62 „Schön" wird hier i. S. von „eine Fallstrukturhypothese oder Aspekte davon auf den Punkt bringen" verwendet (vgl. als Beispiel Hildenbrand 1987).

63 Zur Dialektik von struktureller Festgelegtheit und Zukunftsoffenheit vgl. Oevermann 1991.

64 Vgl. zur Nachuntersuchung der Familie Dittrich nach 15 Jahren die Studie von Steffens (2001). Sie kann allerdings gerade *nicht* dazu herangezogen werden, die These von der Strukturtransformationsfahigkeit von Familien zu untenmauern.

65 Gegen diese Attitüde des Soziologen als „Durchblicker" argumentiert Oevermann in letzter Zeit zunehmend. Allerdings hat er zu deren Entwicklung seinen Teil beigetragen, und ich gestehe, von solchen Tendenzen ebenfalls nicht frei zu sein.

III. Die Stellung einer Familienstudie im Forschungsprozeß: Fallrekonstruktion und Fallkontrastierung

1. Von der Fallrekonstruktion zur Fallkontrastierung: Theoretical Sampling von Fall zu Fall

Kontrastiert wird in der fallrekonstruktiven Familienforschung ständig, ob sie im Stil der Grounded Theory oder im Stil der Objektiven Hermeneutik durchgeführt wird: Der zu analysierende Fall wird dadurch erschlossen, daß die objektiven Möglichkeiten eines Handelns verglichen werden mit den im Einzelfall getroffenen Wahlen. Diese objektiven Möglichkeiten erkundet der Sozialforscher oder die Sozialforscherin im Vergleich mit bekannten Fällen. Dabei dienen vorhandene Untersuchungen, die publiziert sind, eigene Fallstudien sowie das eigene Alltagswissen als methodisch kontrolliert herangezogene Ressource.

Strauss z. B. hat, wenn er im Rahmen einer Studie einen Fall analysiert, ständig andere Fälle vor Augen. Verfolgt er ein Konzept, etwa die ARBEITSLINIE HINSICHTLICH KRANKHEIT, BIOGRAPHIE UND ALLTAGSLEBEN (Corbin und Strauss 2004, S. 76), dann entwickelt er dieses Konzept quer durch seine Fälle hindurch. Die extensive Darstellung eines Falles (z. B. Clara und Paul, vgl. Corbin und Strauss 2004[2], S. 120ff.) dient dann dazu, exemplarisch das Konzept zu verdeutlichen. Oevermann geht mitunter so weit zu behaupteten, daß durch die ständige Kontrastierung im Rahmen der Sequenzanalyse im Extremfall ein theoretisches Problem an einem einzigen Fall zureichend abgehandelt werden könne. Je universeller die Strukturen sind, die untersucht werden, desto eher ist dies auch möglich. Sobald es aber – wie es in sozial wissenschaftlichen Untersuchungen die Regel ist – um historische, soziallagenspezifische etc. Ausprägungen geht, wird man ohne die Analyse mehrerer Fälle nicht auskommen, und dann ist die Frage, wie dies methodisch kontrolliert vor sich gehen soll.

Sowohl das Vorgehen von Strauss wie auch das von Oevermann hat den Nachteil, daß ein Quervergleich in der Regel nicht auf der Basis einer Fallstrukturhypothese erfolgt, sondern hierfür jeweils Aspekte eines Handlungsmusters zum Vergleich herangezogen werden. Diese Aspekte werden aus dem Kontext einer Fallstruktur herausgezogen, von der sie doch – bleiben wir in strikt struktaler Perspektive – ihre Bedeutung erhalten.

Daher erweitern wir unser kontrastives Vorgehen, das zunächst auf der Ebene der einzelnen Fallanalyse erfolgt, um das *Theoretical Sampling von Fall zu Fall*. Sie erinnern sich: Theoretical Sampling bedeutet, auf analytischer Basis zu entscheiden, welche Daten als nächstes zu erheben sind. „Demzufolge wird dieser Prozeß der Datenerhebung durch die sich entwikkelnde Theorie kontrolliert" (Strauss 1994, S. 70).

Die forschungspraktische Konsequenz dieses Vorgehens darf in seiner Bedeutung nicht unterschätzt werden. Es spart immensen Aufwand an Datenerhebung, denn es werden immer nur so viele Daten erhoben, wie zur Analyse erforderlich sind. Wir haben dies weiter vorne schon erwähnt. In bezug auf den Fallvergleich heißt das: Anstatt zu Beginn einer Studie zehn oder zwanzig Fälle zu erheben, mit der Analyse des ersten Falles zu beginnen und dann im Laufe der Studie festzustellen, daß die sich entwickelnde Theorie andere Fallauswahlkriterien nahe legt als diejenigen, die am Beginn der Studie für bedeutsam gehalten wurden, wird zunächst nur *ein* Fall erhoben, und weitere Datenerhebungen werden dem Gang der Analyse überlassen. Die Fallauswahl unterliegt damit der Kontrolle der sich entwickelnden Theorie und ist valider als die Fallauswahl auf Basis von theoretischen Vorannahmen.

Dies hat zur Konsequenz, daß Sie zu Beginn einer Studie nie wissen können, wie viele Fälle Sie benötigen werden, um zu einem in sich geschlossenen theoretischen Aussagezusammenhang zu kommen. Je nach Breite Ihres theoretischen Interesses werden Sie mit mehr oder weniger Fällen auskommen. In unseren Studien pendelte sich die Fallzahl jeweils um die sieben ein.

Diese Ungewißheit hinsichtlich der benötigten Fallzahl, die zu Beginn einer Studie vorherrscht, stellt jedoch kein systematisches, sondern ein taktisches Problem dar. Es wird akut bei der Beantragung von Forschungsmitteln, denn üblicherweise werden genaue Forschungspläne erwartet, zu denen auch die Nennung einer Zahl von zu untersuchenden Fällen gehört – ganz zu schweigen von jenen Kolleginnen und Kollegen, die der Auffassung sind, die Güte einer empirischen Untersuchung hänge von der *Zahl* der untersuchten Fälle ab, und eine Mindestzahl dürfe nicht unterschritten werden. In der qualitativen Methodologie ist jedoch nicht die schiere Zahl, sondern die Qualität des Untersuchungsgegenstandes das Kriterium für die Fallauswahl – und im übrigen wird dort gezählt, wo es etwas zu zählen gibt.

Hierzu ein Beispiel: Der Versuch, Familientypen, die mit fallrekonstruktiven Verfahren gewonnen wurden, in ihrer quantitativen Verteilung zu untersuchen, ist in einer Studie zu „Anpassungsstrategien landwirtschaftlicher Haushalte" (Seibert und Struff 1993) unter Verwendung einer fallrekonstruktiven Studie (Herrmann 1993) unternommen worden. Hier zeigt sich deutlich das unterschiedliche Verwendungsinteresse: Während fallrekonstruktive Vorgehensweisen einen gesellschaftlichen Wirklichkeitsbereich in seiner Sinnstrukturiertheit erfassen und damit zur soziologischen Theoriebildung beitragen, interessieren sich Wissenschaftler, die mit sozialplanerischen Aktivitäten befaßt sind (im vorliegenden Fall: Strukturwandel der Landwirtschaft und die Zukunft ländlicher Räume), für die quantitative Verteilung der rekonstruierten Falltypen. Beide Interessen haben ihre Berechtigung. Jedoch ist – aus Sicht der qualitativen Sozialforschung – das sozialplanerische Interesse auf die Erkenntnisse aus Fallrekonstruktionen angewiesen, während diese in ihrer theoretischen Relevanz für sich stehen können.

Wenn Sie also nach der Logik des Theoretical Sampling vorgehen wollen, müssen Sie in Ihrem Forschungsdesign dieses Verfahren sehr gründlich darstellen und seine Plausibilität möglichst anhand von Referenzstudien belegen, wofür das erwähnte Beispiel ein Hinweis sein sollte.

Das *Theoretical Sampling von Fall zu Fall* läuft so ab:

(1) Sie leiten aus Ihren theoretischen Vorüberlegungen (einschließlich der vorhandenen Literatur zu Ihrem Forschungsthema) Kriterien für die Auswahl des ersten Falles ab und wählen diesen Fall aus.

Wir begannen z. B. unsere Studie über die Familiensituation und alltagsweltliche Orientierung Schizophrener, aus der die Fallstudie Dittrich stammt, mit theoretischen Überlegungen zur sozialen Desintegration von Familien Schizophrener, die wir der damaligen Literatur zur Sozialepidemiologie entnahmen. Diesen zufolge tritt Schizophrenie gehäuft bei Angehörigen unterer Schichten auf, die in besonderem Maße streßerzeugenden Situationen ausgesetzt seien. „Die für die unteren Schichten typisch streßerzeugenden Situationen sind nach Clausen (1968) Migration, extreme soziale Mobilität, mangelnde Integration in normativ strukturierte Gruppen außerhalb der Familie, Verlust der individuellen normativen Orientierung und interpersonale Konflikte in den das Individuum stabilisierenden Primärgruppen" (Blankenburg und Hildenbrand 1979). Als Einstieg in die Untersuchung wählten wir soziale Desintegration aufgrund geographischer und sozialer Mobilität und untersuchten als ersten Fall die Familie Hoffmann[63], die über Jahre hinweg immer größere Gasthäuser an unterschiedlichen Orten übernommen hat und deren jüngster Sohn im Alter von 18 Jahren an einer Schizophrenie erkrankte. Als maximalen Kontrast hierzu wählten wir auf der Basis der Auswertung von Krankengeschichten einer psychiatrischen Universitätsklinik eine weitere Familie (Baumann) aus, die sowohl geographisch als auch schichtbezogen nach Stand der Unterlagen stabil geblieben sein sollte und in der ebenfalls ein Sohn im Alter von 18 Jahren schizophren geworden war. Diese Auswahl erwies sich jedoch im ersten Familiengespräch als vollkommen unzutreffend – wir hatten es mit einer Flüchtlingsfamilie mit unterschiedlichen geographischen Herkünften der Eltern sowie mit einem Berufswechsel des Vaters vom Schmied auf einem ostpreußischen Gutshof zum Straßenbauarbeiter zu tun.[64] Folglich wählten wir sofort einen dritten Fall (Kreutzhofer) aus, welcher dann tatsächlich den Kriterien eines maximalen Kontrastes entsprach.

(2) Sie rekonstruieren Ihre ersten beiden Fälle und vergleichen auf der Basis der rekonstruierten Fallstrukturhypothese die *erwartete* Form der Kontrastierung mit der *tatsächlich* eingetroffenen.

Sie fragen also, bezogen auf unser Fallbeispiel: Besteht zwischen der Familie Hoffmann als geographisch und sozial mobiler Familie einerseits, der Familie Kreutzhofer als stabiler Familie andererseits ein maximaler Kontrast? Wenn nicht: Worin kontrastieren diese Familien dann? Wo haben sie vergleichbare Orientierungs- und Handlungsmuster ausgebildet?

---

63 Zu den hier genannten Fallstudien vgl. Hildenbrand 1991.
64 Dies wirft ein interessantes Licht auf epidemiologische, also auf Basis großer Fallzahlen durchgeführte Studien, deren ausgefeilte statistische Meß- und Prüfprogramme auf tönernen Füßen stehen (vgl. dazu Garfinkel 2000).

Gerade in der Differenz zwischen erwarteter und eingetroffener Kontrastierung liegt der wesentliche Erkenntnisgewinn.

(3) Danach wählen Sie den nächsten Fall aus, nun aber nicht mehr nach *externen,* aus der Theorie abgeleiteten Kriterien, sondern nach *internen* Kriterien, also nach solchen, die Sie sukzessive im Verlauf der Fallrekonstruktion und der Fallkontrastierung der ersten beiden Fälle entwickelt haben.

In dem erwähnten Forschungsprojekt war dieser Fall die Familie Dittrich, die, wie die Familie Kreutzhofer, eine Bauernfamilie ist, jedoch die Landwirtschaft aufgegeben hat, während die Familie Kreutzhofer zum Zeitpunkt der Erstuntersuchung zwischen Aufgabe und Fortführung der Landwirtschaft stand (und heute noch steht, vgl. Steffens 1999).

(4) Danach setzt das unter (2) beschriebene Verfahren wieder ein, so lange, bis Ihre Theorie gesättigt ist und Sie in der Lage sind, *Typen* zu bilden, in denen Sie die Fallrekonstruktionen verorten können.

Im Fortgang des Kontrastierungsverfahrens gewinnen Sie sukzessive Distanz zur theoretischen Ausgangslage, mit der Sie begonnen haben, und Sie beginnen, aus den Daten eigene theoretische Aussagezusammenhänge (eine Grounded Theory) zu formulieren.

In unserem Projekt verlagerte sich der theoretische Schwerpunkt vom Thema der sozialen Desintegration als „Ursache" von Schizophrenie auf das der Familiengrenze, d. h. auf die Frage, welche Dynamik der Innen-Außen-Orientierung eine Familie entwickelt und was diese Dynamik für die Ablösung der Jugendlichen (und späteren Schizophrenen) bedeutet. Diese Dynamik wird moderiert von Prozessen der Desintegration, hängt von diesen aber nicht ursächlich ab (ich werde darauf weiter unten zurückkommen).

Graphisch kann der Gang der Kontrastierung von Fall zu Fall folgendermaßen dargestellt werden:

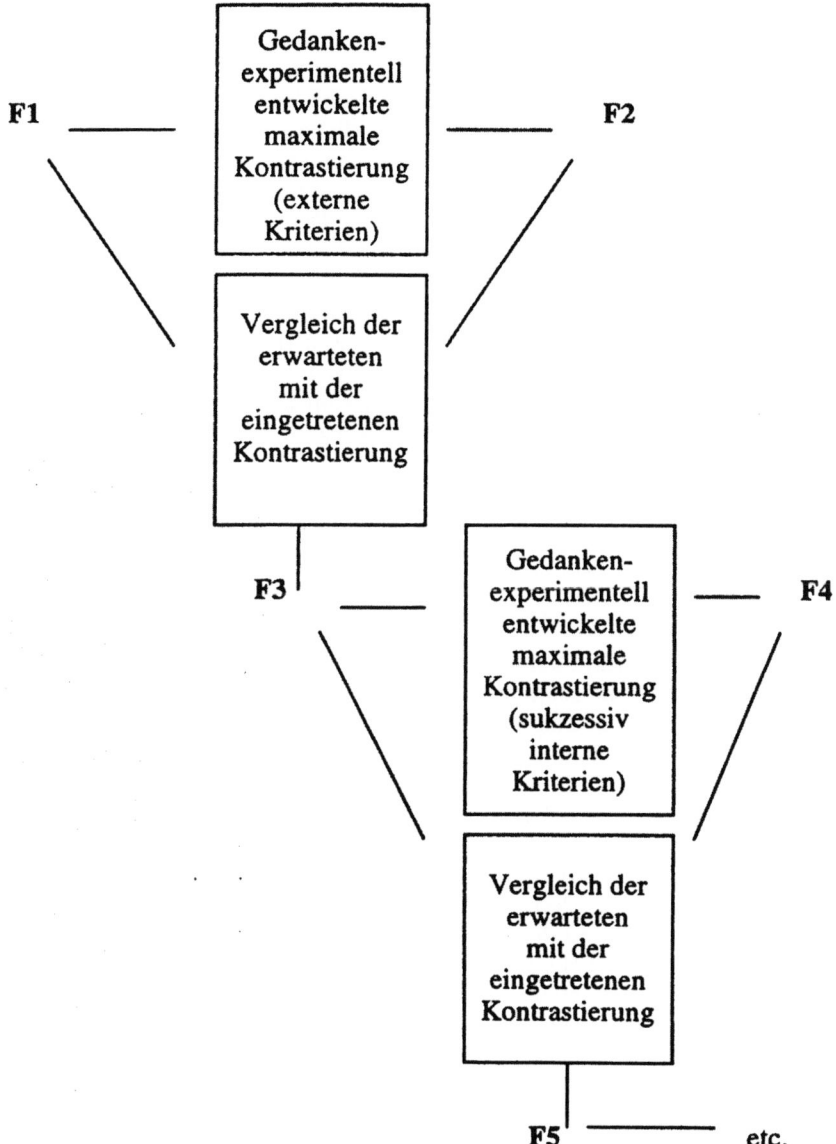

(F= Fall)

Ich komme nun zu den erwähnten *Typen,* die auf der Basis von Fallrekonstruktionen gebildet werden können.[65] Webers Konzept des Idealtypus (Weber 1988, v. a. 190-212) kann so beschrieben werden[66];

(1) Der Idealtypus stellt keine naturalistische Beschreibung eines Sozialzusammenhangs dar, sondern ist eine gedankliche Abstraktion. Er ist jedoch so nahe am Material, daß er in seiner Bildung und Entwicklung stets von diesem kontrolliert wird. Erst gedankliche Konstruktion und Konfrontation mit dem Material zusammen ergeben eine evidente Deutung.

(2) Da der Idealtypus der Kontrolle durch das empirische Material unterworfen ist, ergibt sich, daß er kein *Ziel,* sondern ein *Mittel* des Erkennens ist. Er ist aufgrund der kontinuierlichen Veränderungen in dem Sozialzusammenhang, auf den er sich bezieht, ständig zu modifizieren und zu revidieren.

(3) Der Idealtypus soll „nicht das Gattungsmäßige, sondern umgekehrt die Eigenart der Kulturerscheinungen scharf zum Bewußtsein bringen" (Weber 1988, S. 202). Ziel ist demnach nicht, Einzelfalle unter allgemeine Gesetzmäßigkeiten zu *subsumieren,* sondern den Idealtypus als *Möglichkeit* (Weiß 1992, S. 78) zu betrachten und durch Vergleich des Idealtypus mit immer neuen Einzelfällen das Einzigartige eines Einzelfalles herauszuarbeiten.

In unserem Forschungsprojekt haben wir um das zentrale Thema der Innen-Außen-Orientierung herum drei Typen gebildet: OFFENE FAMILIEN, GESCHLOSSENE FAMILIEN UND FAMILIEN MIT EINER WIDERSPRÜCHLICHEN INNEN-AUßEN-ORIENTIERUNG (vgl. Hildenbrand 1991).

Das Thema der Typenbildung ist nicht Gegenstand dieses Buches, deshalb will ich an dieser Stelle schließen und nur noch einmal die beiden damit verbundenen Probleme der Theoriebildung herausstellen:

(1) Das erste Problem kann mit folgender Frage benannt werden: Gehen die Fallrekonstruktionen im allgemeinen Typus auf, oder werden sie darin als Einzelfall bewahrt? Max Weber, dem wir eine ausführliche Erörterung des Idealtypus verdanken, ist hier unentschlossen. Einerseits sind für ihn Idealtypen „theoretische Konstruktionen unter illustrativer Benutzung des Empirischen" (Weber 1988, S. 205). Wenn es dabei bliebe, würde der Einzelfall im Idealtypus aufgehen, und die übergreifende Fallstruktur, aus der heraus einzelne Phänomene des Falls ihre Bedeutung gewinnen, würde verschwinden. Andererseits aber maß Weber der Kasuistik eine große Bedeutung zu. So schreibt er über die seinerzeit im Entstehen begriffene Psychoanalyse: „Gleichwohl unterliegt es keinem Zweifel, daß Freuds Gedankenreihen für ganze Serien von kultur-, speziell *religionshistorischen* und sittengeschichtlichen Erscheinungen zu einer Interpretationsquelle von sehr großer Bedeutung werden *können* (...) Vorbedingung wäre die Schaffung einer exakten *Kasuistik"* (zitiert nach Marianne Weber, 1989, S. 379). So wird man wohl sagen können, daß Theoriebildung sich beständig im Spannungsfeld von ab-

---

65 Eine Typenbildung ist weder in der Grounded Theory noch in der Objektiven Henneneutik, jedoch in der Phänomenologie, z. B. bei Alfred Schütz, vorgesehen.

66 Vgl. dazu genauerWeiß 1992, S. 65-80, und die dort zitierte Literatur.

strahierender Fallrekonstruktion und Typenbildung ereignet. Dieses Spannungsfeld wird vielfach dadurch aufgelöst, daß aus der Untersuchungsgruppe Fälle herausgelöst werden, die dann als „reine Fälle" (Gerhardt 1991) oder als „Referenzfälle" (Giegel, Frank und Billerbeck 1987) eine dominante Rolle in der Theoriebildung übernehmen[67].

(2) Das zweite Problem hängt eng mit dem ersten zusammen und bezieht sich darauf, daß Fälle nicht einfach unter Typen subsumiert werden können: Die Frage: *Ist* die Familie Dittrich dem Typus einer offenen Familie, einer geschlossenen Familie oder einer Familie mit einer widersprüchlichen Innen-Außen-Orientierung *zuzurechnen?* ist eine Frage, die einen Rückfall in die Subsumtionslogik, d. h. in die Unterordnung von empirischen Phänomenen unter eine vorgefaßte Theorie, impliziert. Typen haben nach meiner Auffassung keine größere Bedeutung als die einer Hilfskonstruktion (eben: *Mittel* und nicht *Ziel)* in der vergleichenden Fallrekonstruktion. Sie dienen der Verallgemeinerbarkeit von Fallrekonstruktionen im Fallvergleich (Nagel 1997) und haben damit eine wichtige Rolle im Theoriebildungsprozeß. Jedoch müssen sich diese Typen, und mit ihnen die Theorie, die auf sie aufbaut, eingedenk der „ewigen Jugendlichkeit idealtypischer Konstruktionen" (Weber 1988, S. 206) immer neu am Fall bewähren. Dies ist auch die Auffassung von Peirce: In der dritten Stufe der Forschung, die er Induktion nennt, werden die Typen mit der Erfahrung konfrontiert.

2. Die Leistungsfähigkeit des fallrekonstruktiven Ansatzes für die soziologische Theoriebildung

Zu welchen Wirklichkeitsbereichen Ihre Typen etwas aussagen und zu welchem theoretischen Problem sie einen Beitrag leisten, hängt ab von der Untersuchungsfragestellung und damit von der Perspektive, die Sie auf einen Fall einnehmen. Dies unterscheidet den Typus von der Fallstruktur – diese ist, je enger die Untersuchung an den Grundstrukturen von Sozialität orientiert ist, um so weniger variabel ausformulierbar.

Auch hierzu wieder eine Erläuterung am Beispiel unserer Forschungsprojekte: In unserem Projekt zur Familiensituation und alltagsweltlichen Orientierung Schizophrener ging es im Kern um Sozialisationsprozesse, vor allem um die Ablösung Jugendlicher aus ihrer Familie. Entsprechend rückte bei der vergleichenden Typenbildung die Familiengrenze in den Vordergrund, und die Typen beschrieben unterschiedliche Prozesse der sozialen Konstruktion von Grenzen von Familien und des Handelns im Kontext von Grenzen. Besonders beeindruckend bei Familien Schizophrener ist, daß es bei ihnen zu Paradoxien bei der Abgrenzung von ihrer sozialen Umgebung, bei der Orientierung in ihrer sozialen Umgebung und bei der Bewältigung der Dynamik von Abgrenzung und Öffnung kommt.

---

67 Wenn Sie einen fallrekonstruktiv orientierten Forscher nach einem Typus fragen, wird er Ihnen in der Regel eine Fallgeschichte erzählen.

Diese Paradoxien interessierten uns im Hinblick auf die Ablösungsprozesse der Kinder aus diesen Familien, und wir konnten einen sinnhaften Zusammenhang zwischen Paradoxien im Grenzverhalten und scheiternder Ablösung herstellen.

Im nächsten Schritt setzten wir einen neuen Kontrastierungprozeß in Gang, wobei zunächst wieder externe Kontrastierungskriterien eingesetzt wurden. Wir zogen aus der Gruppe der untersuchten Familien mit einem als schizophren diagnostizierten Sohn die Bauernfamilien heraus und verglichen diese mit Bauernfamilien ohne psychische Krankheit. Dort wurden wiederum Typen gebildet (INNOVATIVE UNTERNEHMER, MODERNISIERER AUS NOT, TRADITIONALE BAUERN AN DER RENTABILITÄTSGRENZE, AUSLAUF- UND NEBENERWERBSBETRIEBE). In einem dritten Schritt wurden Bauernfamilien mit einem an Alkoholismus leidenden Betriebsleiter untersucht.

Ich will nun zeigen, wie anhand dieser auf Fallrekonstruktionen und Fallkontrastierungen die soziologische Theoriebildung relativ weit vorangetrieben werden kann (vgl. dazu Hildenbrand u.a. 1992, Bohler und Hildenbrand 1997).

Bauernfamilien sind soziologisch insofern interessant, als bei ihnen in gesteigertem Maße ein dialektisches Verhältnis von Tradition und Moderne besteht: Auf der einen Seite treten im Handeln bäuerlicher Familien stark traditionale Momente in den Vordergrund (Bewahren des Hofes, Naturbewirtschaftung), auf der anderen Seite geht es um die Sicherung von wirtschaftlichem Erfolg und damit um die Notwendigkeit kontinuierlicher Orientierung am Markt. In diesen Studien konnten wir zeigen, daß zwischen Familientradition und Bereitschaft zu – in der Landwirtschaft unverzichtbaren – Modernisierungen sowohl im Bereich der Familie als auch des Betriebs, die als ein Umstürzen von Traditionen betrachtet werden können, ein dialektisches Verhältnis besteht, etwa in dem Sinne: TRADITIONSERHALTUNG DURCH TRADITIONSBRUCH. Das besagt: eine Bauernfamilie bleibt als solche – und damit ihr Hof – bestehen, wenn sie einerseits die in gewachsenen Traditionen liegenden Fähigkeiten zur Bewältigung lebenspraktischer Herausforderungen bewahrt, andererseits aber bereit ist, diese Traditionen ständig zur Disposition zu stellen. Auch hier geht es wiederum, wie bei den Familien Schizophrener, um Grenzen.

Unsere Studien über Bauernfamilien mit einem als schizophren diagnostizierten Sohn bzw. über Bauernfamilien mit einem an Alkoholismus leidenden Betriebsleiter zeigen jeweils spezifische Formen des Scheiterns im Kontext dieser nicht realisierten Dialektik von Tradition und Wandel:

Bauernfamilien ohne Vorkommen psychischer Erkrankung gestalten lebenspraktisch angemessen die Dialektik von Traditionserhaltung und Traditionsbruch. Bauernfamilien mit einem alkoholkranken Betriebsleiter zeichnen sich dadurch aus, daß in ihnen jeweils eine Seite der Dialektik, die Modernisierungsseite oder die der Tradition, betont wird. Familien Schizophrener fallen dadurch auf, daß die beiden Seiten nicht vermittelt werden, sondern parallel nebeneinander stehen. So grenzt sich die Familie Dittrich einerseits vom Dorf und von der Bauernwelt ab, ist aber weiterhin geprägt von bauernweltlichen Handlungs- und Orientierungsmuster, die ihren Alltag bestimmen. Die Familie Kreutzhofer drängt ihre Söhne einerseits dazu, außerhalb der Landwirtschaft eine berufliche Karriere zu machen, anderereits sind sie, einer nach dem anderen, als Hofnachfolger vorgesehen. Einerseits wird der alte Hof aufgegeben und soll als Aussiedlerhof modernisiert werden, andererseits bleibt diese Entscheidung stecken, als das Wohnhaus bereits außerhalb des Dorfes steht, während die – gerade besonders modernisierungsbedürftigen Ställe im Dorf bleiben und von den Umbaumaßnahmen nicht erfaßt werden.

In einem ganz anderen Feld, in der Untersuchung des Schulerfolgs von Kindern aus süditalienischen Migrantenfamilien, entwickelte Andrea Lanfranchi im Rahmen einer an unserem Ansatz orientierten Studie drei Typen solcher Familien, die wiederum mit Tradition und Moderne zu tun haben: Er fand traditional-vorwärtsgewandte, traditional-rückwärtsgewandte und traditional-sklerotisierte Familien. Schulerfolg, operationalisiert als Nicht-Zuweisung an Sonderschulen oder an besondere Fördermaßnahmen, findet sich bei Kindern aus traditional-vorwärtsgewandten Familien (Lanfranchi 1993). Lanfranchi überprüft diese Typologie derzeit in einem Forschungsprojekt, in dem eine Kombination von Fallrekonstruktionen und Fallkontrastierungen einerseits, Untersuchungen an großen Kollektiven von Migrantenfamilien unterschiedlicher Ethnien in der gesamten Schweiz mittels Fragebögen andererseits angewandt wird (Lanfranchi 2002).

Ein anderer Bereich ist die Frage nach dem Umstrukturierungsprozeß der Wirtschaft in der ehemaligen DDR. Hier geht es ja nicht nur um den Umbau von Großindustrien, sondern auch um die Entwicklung eines leistungsfähigen Mittelstandes. Erste Fallrekonstruktionen lassen folgende verallgemeinerungsfähige Befunde zu: (1) Wo ein familienbetrieblicher Habitus und damit eine Orientierung an der Familiengeschichte vorliegt, erleichtert dieser den Übergang in die Gründung einer eigenen Firma. (2) Wo dieser Habitus nicht modernisiert wird, ist dieser Übergang erschwert.

So rekonstruiert Vogel (1997) eine Unternehmerfamilie, die auf eine über zwei Jahrhunderte sich erstreckende Aufstiegsgeschichte zurückblicken kann, die mit der Weltwirtschaftskrise in den 20er und 30er Jahren des 20. Jahrhunderts abbrach. Der Familienstolz ist geblieben, das selbständige Wirtschaften, selbst zu DDR-Zeiten, ebenfalls, findet jedoch auf immer niedrigerem Niveau statt. Diese Familie kann also – bei aller Reserviertheit gegenüber der Zuordnung von Familien zu Typen – als traditional-rückwärtsgewandte Familie beschrieben werden. Seit der Wende befindet sie sich in einer Verbindung von (über 80jährigem) Großvater und 20jährigem Enkel auf dem Wege einer Strukturtransformation in eine traditional-vorwärtsgewandte Familie. Engelstädter (1997) rekonstruiert eine Bauernfamilie auf der Insel Rügen, die in spezifischer Form vor drei Generationen ihre Tradition dadurch erhalten konnte, daß zum einen ein Bruch in der Erbfolge in Kauf genommen wurde, indem an statt der vorhandenen Söhne eine Tochter den Hof übernahm. Diese setzte den Traditionsbruch fort, indem sie nicht, wo traditionell üblich, einen Bauern, sondern einen welterfahrenen Seemann heiratete, der es, nachdem er auf dem Hof seßhaft geworden war, bis zum Bürgermeister brachte. Die Nachkommen überwinterten die DDR-Zeit als Schäfer in einer LPG und bauten nach der Wende sofort einen landwirtschaftlichen Betrieb mit Schafzucht und -mast, Selbstvermarktung der Schafe sowie Ferienpension auf.

Dieses aufgrund von Fallrekonstruktionen und Fallkontrastierungen entwickelte Konzept der Traditionserhaltung durch Traditionsbruch kann die derzeit in den Sozialwissenschaften aktuelle Transformationsforschung insofern bereichern, als hier die Bedingungen der Stabilität bzw. des Wandels von intergenerativ tradierten Wissensbeständen sowie Handlungs- und Orientierungsmuster vergleichend im Kontext mehrerer Systembrüche behandelt werden.

IV. Ethik in der fallrekonstruktiven Familienforschung[68]

In Kapitel II im Abschnitt 2c, „Erste Kontakte mit der Familie", habe ich einen Brief skizziert, der zu Beginn einer Studie der Familie, die untersucht werden soll, zugesandt werden könnte. Dieser Brief enthält im wesentlichen alle Vorgaben, die von der Deutschen Gesellschaft für Soziologie wie auch von der Deutschen Forschungsgemeinschaft angeregt bzw. verlangt werden und die die Rechte der Untersuchten sichern sollen. Weil insbesondere fallrekonstruktive Verfahren so angelegt sind, daß die Privatheit der Untersuchten sehr weit tangiert wird, ist es hier von besonderer Bedeutung, sich über ethische Grundsätze im klaren zu werden. Ich verstehe diese – im Gegensatz zur Positionierung dieses Kapitels am Ende des Buches – nicht als Zutat zur Forschung, sondern sie sollten in die Haltung der Forscherin oder des Forscher habitualisiert eingehen.

Allerdings ist es mit einem Brief zu Beginn der Studie nicht getan. Miles und Huberman weisen darauf hin, daß ein „informed consent", also die Einwilligung der Untersuchungssubjekte in eine Studie, nachdem sie über Risiken informiert worden sind, nicht ausreiche, da Thema, Untersuchungsplan und Methoden sich gerade bei qualitativen Studien im Verlauf der Untersuchung ändern können. Ethische Fragen seien im gesamten Verlauf einer Studie ein Thema. Doch seien ethische Richtlinien bei Fallstudien wenig tauglich, weil sie sich im konkreten Einzelfall als zu abstrakt erwiesen. Die kontinuierliche Vergegenwärtigung ethischer Problemlagen im Forschungsprozeß sei daher hilfreicher als ein Ethikkatalog (Miles und Huberman 1994, S. 288f.).

Als bedenkenswert sehen Miles und Huberman gleichwohl die ethischen Grundprinzipien, die Sieber formuliert hat:

Beneficence. Dies heißt wörtlich übersetzt Wohltätigkeit und geht damit über das hinaus, was vom Standpunkt einer utilitaristischen Ethik als Nutzen sozialwissenschaftlicher Studien beschrieben werden könnte. Es sollen also Ergebnisse angestrebt werden, die sowohl für die Wissenschaft, für die

---

68 Als Einstimmung in dieses Kapitel empfehle ich Ihnen, das Gedicht „Der Zweifler" von Bertolt Brecht (Brecht, Gesammelte Werke Bd. 9, S. 587f.) und unsere Kommentare dazu (Welter-Enderlin und Hildenbrand 2004[4], S. 238) zu lesen.

Menschheit insgesamt wie auch für die Untersuchten „gut" sind. Umgekehrt sollen unnötiger Schmerz, Risiko oder Schaden für die Untersuchten vermieden oder minimiert werden.

Respekt. Die Autonomie der Forschungssubjekte soll gewahrt werden, ihnen soll mit Höflichkeit und Respekt begegnet werden, und dies soll auch für Subjekte gelten, die in ihrer Autonomie eingeschränkt sind, z. B. für Kinder und psychisch oder geistig behinderte Personen.

Gerechtigkeit. Forscherinnen und Forscher sollen vernünftige, nicht-ausbeuterische und gut durchdachte Verfahren in ihr Design aufnehmen und durchführen. Die Kosten und die Nutzen einer Studie sollen für die, die die Risiken einer Forschung tragen, fair verteilt sein (Sieber 1992, S. 18, zitiert nach Miles und Huberman, 1994, S. 289f.).

Entsprechend ihrer Auffassung, daß ein Ethik-Kodex aufgrund seiner notwendigen Abstraktheit, die auch für den Katalog von Sieber gilt, wenig hilfreich im konkreten Forschungsprozeß ist, listen sie 12 praktische ethische Themen auf. Ich halte diese Aufstellung für sehr sinnvoll und will sie deshalb hier wiedergeben und kommentieren. Einen dieser Punkte lasse ich aus, weil er oben unter dem Stichwort „informed consent" schon behandelt wurde.

Wert eines Projekts. Hier stellt sich die Frage, ob der Wert einer Studie über unmittelbare Karriere- und Stellensicherungsinteressen der Forschenden hinausgeht. Miles und Huberman vermuten, daß solche Studien eher seichte Ergebnisse zutage fördern. Dabei übersehen sie, daß professionelles wissenschaftliches Handeln auch bedeutet, einen Auftrag, wenn man ihn einmal angenommen hat, mit vollem Engagement durchzuführen. Wichtig ist allerdings, daß Sie, bevor Sie einen Auftrag annehmen, prüfen sollten, ob Sie mit dessen Zielsetzungen und mit möglichen Verwendungszusammenhängen der Forschungsergebnisse einverstanden sein können.

Kompetenzgrenzen. Vor Beginn einer Studie ist zu prüfen, ob die eigenen fachlichen Kompetenzen ausreichen, um die Studie erfolgreich durchzuführen, und ob es möglich ist, fehlende Kompetenzen durch Beratung und weitere Ausbildung zu beschaffen.

Ertrag, Kosten und Reziprozität. Forscherinnen und Forscher werden für ihre Arbeit bezahlt, und erfolgreich durchgeführte Studien eröffnen ihnen Karrierechancen. Beforschte haben von einer Studie insofern einen Nutzen, als man ihnen zuhört und ggf. ihre Anliegen an die Öffentlichkeit bringt. Einen ideellen Nutzen haben sie insofern, als sie zum Fortschritt der Wissenschaft beitragen. Gleichwohl besteht in jeder Forschung eine Reziprozitätslücke (Hildenbrand 1999), denn man wird als Forscher nie das zurückgeben können, was man von den Untersuchten an Zeit und Vertrauen erhalten hat. Miles und Huberman sind der Auffassung, daß der unmittelbare Nutzen einer Studie für die Untersuchten dann steigt, wenn die Studie nicht nur verstehens-, sondern auch handlungsorientiert ist. Allerdings können Forscherinnen und Forscher für die Handlungsrelevanz ihrer Studie insofern keine Verantwortung übernehmen, als die Umsetzung von Forschungsergebnissen einem anderen gesellschaftlichen Wirklichkeitsbereich, im Falle von sozialen Problemen beispielsweise der Sozialpolitik, angehört. Gleichwohl ist das Motto „Willst du verstehen, lerne zu handeln" im Rahmen einer Untersuchung insofern von Bedeutung, als die Theoriebildung vorangetrieben wird, wenn Forschende sich im Konjunktiv fragen: Welche Konsequenzen würden aus dieser und jener Deutung praktisch folgen?

Schaden und Risiko. Falls eine Studie so riskant ist, daß Schaden für die Untersuchten nicht auszuschließen ist, schwächt dies die Durchführung der Studie. Schaden kann aber von vornherein deshalb nicht ausgeschlossen werden, da man als Forscher selten genau übersehen kann, wo aus Sicht der Untersuchten ein Schaden eintritt. Dieses Problem stellt sich vor allem dann, wenn man die Ergebnisse der Studie den Untersuchten zur Verfügung stellt (dazu genauer Hildenbrand 1999). Meine Auffassung dazu ist, daß Sie vermeiden sollten, kommentarlos Texte den Untersuchten auszuhändigen, weil die Gefahr von Mißverständnissen extrem groß ist. Diese ist in der Natur der Sache begründet: Alltagsleben und Wissenschaft nehmen Sachverhalte aus unterschiedlichen Perspektiven wahr. Diese Perspektiven ineinander zu übersetzen ist nicht Sache der Wissenschaft, sondern der Professionen (Welter-Enderlin und Hildenbrand 2004[4]).[69]

Redlichkeit und Vertrauen. Miles und Huberman bringen dieses Thema auf den Punkt, indem sie Punch (1986, S. 72f.) zitieren: „Die Untersuchten haben Dich im Griff, bis Du ihr Vertrauen gewonnen hast; und wenn sie Dir dann vertrauen, fängst Du an, sie im Griff zu haben" (Miles und Huberman 1994, S. 292, übs. vom Verf.). Vor allem, wenn Sie den Fehler machen, die Untersuchungsergebnisse unkommentiert den Untersuchten zu geben, kann es passieren, daß diese Ihre Ausführungen als Vertrauensbruch auffassen. Damit kann der künftige Zugang zu den konkreten Untersuchten, aber auch zu einem gesamten Forschungsfeld versperrt sein – das Feld ist auf unabsehbare Zeit verbrannt, wenn sich ein solcher Vorgang erst einmal herumgesprochen hat.

Privatsphäre, Vertraulichkeit und Anonymität. Privatsphäre bezieht sich darauf, welche Chance die Untersucher den Untersuchten lassen, Geheimnisse für sich zu behalten. Insbesondere narrative Interviews führen die Untersuchten oft dazu, aufgrund der „Zugzwänge des Erzählens" (Schütze 1984), die diesen Interviews innewohnen, Dinge zu thematisieren, die sie unter anderen Bedingungen nie einem Fremden erzählt hätten. Die Forscher freut dies, weil die Güte der Daten damit immens gesteigert wird – mit welchem Gefühl aber lassen sie die Untersuchten zurück? Es ist also ein Gespür dafür erforderlich, wann man als Untersucher ein Thema wechselt, um quasi die

---

69 Allerdings ist es nützlich, beim Abfassen einer Fallmonographie die Untersuchten als Leserinnen und Leser vor Augen zu haben. Dies diszipliniert ungemein: Sie werden klarer in Ihren Aussagen, Sie sichern sie besser ab, und Sie sind aufmerksamer für eine respektvolle Sprache und Begrifflichkeit.

Untersuchten vor sich selbst zu schützen.[70] *Vertraulichkeit* bezieht sich auf Übereinkünfte mit den Untersuchten über die Verwendung der Daten. *Anonymität* bezieht sich auf die Maskierung der Daten, um keine Rückschlüsse auf die tatsächlichen Personen zuzulassen. Manchmal lassen wir die Familien, in denen wir forschen, selbst ihre Pseudonyme aussuchen, manchmal teilen wir ihnen mit, welches Pseudonym wir ihnen gegeben haben. Mitunter ist eine Anonymisierung jedoch unmöglich, da die Untersuchten zu sehr im Licht der Öffentlichkeit stehen oder sonstwie zu bekannt sind. Wenn von den Untersuchten in einem solchen Fall dennoch eine Maskierung gewünscht wird, können Sie die Studie nicht durchführen.

Intervention und Eintreten für die Untersuchten. Was machen Sie, wenn Sie Verstöße gegen das Recht oder gegen die Menschenwürde beobachten? Sie können in diesem Falle in ein Dilemma geraten: Tragen Sie solches Wissen mit sich unausgesprochen herum, kann es die Studie verderben, gehen Sie an die Öffentlichkeit, wird es Ihnen den Zugang zum Fall verstellen. In Familienstudien z. B. ist es nicht selten, daß Sie auf Gewalt stoßen. Forschen Sie über Familien im Kontext Psychiatrie, stoßen Sie immer wieder auf unangemessenes Therapeutenverhalten bis hin zu Verletzungen des Artikels 1 GG (Die Würde des Menschen ist unantastbar): Bis zu welchem Grad betrachten Sie diese distanziert, ab welchem Punkt schalten Sie das Gericht oder die (Fach)Öffentlichkeit ein? Was wiegt mehr: die Erkenntnisse einer Studie oder die Aufdeckung unangemessenen Verhaltens? Ein Rezept gibt es dafür nicht, entschieden werden muß von Fall zu Fall.

Integrität und Qualität der Forschung. Methodisch unkontrolliert erhobene und aufbereitete Daten, unsaubere Analysen, oberflächliche Berichte, Verschleierung von Interessenkonstellationen bei der Durchführung einer Studie und die Weigerung, Daten der Fachöffentlichkeit zugänglich zu machen, sind Quellen mangelnder Integrität und Qualität einer Forschung. Miles und Huberman sehen hier an erster Stelle das Problem der Selbsttäuschung der Forscherin oder des Forschers und erst an zweiter Stelle das Problem der Täuschung der Leserschaft.

Eigentum an Daten und Schlußfolgerungen. Wer hat Zugriff auf Ihre Daten? Es reicht nicht aus, die Daten an sicherem Ort aufzubewahren, es muß auch die Frage überdacht werden, wem das Recht zukommt, Ihre Daten zu benutzen. In den USA garantiert der „Freedom of Information Act" den freien Zugriff der Öffentlichkeit auf alle Daten, die in Untersuchungen generiert wer-

---

70 Aus diesem Grunde habe ich bei der Studie der Familie Dittrich das Thema Euthanasie nie angesprochen. Ich habe ihr allerdings auch nie die Texte zu lesen gegeben, die ich über sie geschrieben habe (vgl. zu den Gründen dafür Hildenbrand 1999). Zum Glück waren die Dittrichs daran auch nicht interessiert. Was aber wäre, wenn sie eines Tages sehen wollen, was ich geschrieben habe? Dann müßte ich ihnen einen Text zeigen. Ich würde ihn aber persönlich überbringen und mir viel Zeit nehmen, den Text zu erläuteru. Und ich würde einen Termin vereinbaren, an dem ich noch einmal käme, um Fragen zu beantworten.

den, welche mit öffentlichen Mitteln finanziert wurden. Fallrekonstruktive Familienforschung ist unter solchen Bedingungen nur noch in extrem eingeschränktem Maße möglich. Aber auch in Europa stellen sich Probleme. Hierzu ein konkretes Beispiel: Sie haben eine Studie über Kinder von Multiple-Sklerose-Kranken (Papst u. a. 1998) gemacht, verlassen nach Abschluß der Studie die Institution des Auftraggebers und denken darüber nach, in fünf Jahren eine Follow-up-Studie durchzuführen. Haben Sie dann noch Zugriff auf die Daten? Ist es Ihnen recht, wenn der Auftraggeber Ihre Daten an Forscherinnen oder Forscher weitergibt, die von fallrekonstruktiver Familienforschung nichts verstehen? Wie verhalten Sie sich, wenn der Auftraggeber Schlüsse aus Ihrer Untersuchung zieht, die sich mit Ihrer Auffassung nicht decken? Gehen Sie mit Ihrem abweichenden Votum an die Öffentlichkeit, auch wenn Sie Ihre Stelle riskieren?

Gebrauch und Mißbrauch der Ergebnisse. Hier kann das im vorigen Punkt angesprochene Beispiel fortgeführt werden: Welches Recht haben Sie, die Interpretation Ihrer Ergebnisse in bezug auf konkretes Handeln zu bestimmen? Auf wessen Seite stellen Sie sich? Wenn es nach Howard Becker geht, der u. a. Außenseiter untersucht hat, sich also in einem Themenbereich aufgehalten hat, der zu Stellungnahmen geradezu herausfordert: auf keine (vgl. Becker 1963), wenigstens nicht im Verlauf der Forschung, denn dies engt die Perspektive ein. Miles und Huberman fordern allerdings, daß Forscher den Gebrauch ihrer Ergebnisse aktiv fördern, sie sollen sich dazu sogar verpflichten. Meine Auffassung ist, daß an dieser Forderung etwas dran ist.[71] Allerdings halte ich daran fest, daß ein Rahmenwechsel erforderlich wird, wenn Sie Ihren Ergebnissen praktische Konsequenzen folgen lassen möchten. Dieser Rahmenwechsel muß zumindest beinhalten, daß Sie als Wissenschaftler oder als Wissenschaftlerin nicht angeben können, was sein *soll,* sondern, welche erwünschten und welche unerwünschten Folgen ein bestimmtes Handeln unter bestimmten Bedingungen haben könnte. Es handelt sich also nicht um Lebenshilfe, sondern um Empfehlungen, die sich an Experten richten, die ihrerseits für ihren Bereich verantwortlich sind.[72]

Konflikte, Dilemmata und Absprachen. Miles und Huberman weisen abschließend darauf hin, daß ethische Verantwortlichkeit und wissenschaftliche Adäquanz einer Studie Hand in Hand gehen, daß also eine Studie, bei der ethische Grundsätze nicht berücksichtigt wurden, auch nicht wissenschaftlich seriös sein kann. Sie betonen aber auch, daß während einer Studie ständig Dilemmata auftauchen, die Güterabwägungen zwischen den Belangen der Wissenschaftlichkeit und den Belangen der Subjekte der Forschung erfordern.

---

71 Vgl. als Beispiel Bohler und Hildenbrand (1997), wo wir unsere Untersuchungen über landwirtschaftliche Familienbetriebe mit einer Alkoholproblematik des Betriebsleiters beschließen mit praktischen Konsequenzen im Bereich Prävention, Beratung und Therapie. Zur Klinischen Soziologie generell Oevermann 1990, Hildenbrand 1998.

72 Instruktiv hierzu sind die beiden Reden Webers über Wissenschaft als Beruf und Politik als Beruf. Vgl. Weber (1992, 1995).

Wie eingangs dieses Kapitels schon gesagt wurde: Ethik-Kataloge sind nützlich, aber sie garantieren nicht allein die ethischen Standards einer Forschung. Hinzu kommen müssen die kontinuierliche Wahrnehmung möglicher ethischer Probleme und deren Antizipation, klare Absprachen, deren ständige Überprüfung und allfällige Neujustierung mit den Forschungssubjekten und den Auftraggebern einer Studie, Dokumentation und Reflexion ethischer Fragen und die Bereitschaft, Rat zu suchen, wenn ethische Probleme im Rahmen einer Studie nicht selbst gelöst werden können (Miles und Huberman 1994, S. 296f.).

V. Schlüsseltexte zur fallrekonstruktiven Familienforschung: Eine kommentierte Liste

Die folgende, bei weitem nicht erschöpfende Übersicht soll der Leserin bzw. dem Leser die Möglichkeit geben, zur Vertiefung der Lektüre rasch einschlägige Texte zu finden.

1. Zum Begriff Familie

a) Grundlagen

Peter Berger, Hannsfried Kellner, Die Ehe und die Konstruktion der Wirklichkeit – Eine Abhandlung zur Mikrosoziologie des Wissens. Soziale Welt Jg. 16, 1965, S.220-235
Ein Konzept von Familienwelten aus der Sicht der phänomenologisch-wissenssoziologisch orientierten Soziologie.

Ulrich Oevermann, Ansätze zu einer soziologischen Sozialisationstheorie. In: M. Rainer Lepsius (Hrsg.) Deutsche Soziologie seit 1945. Sonderheft 21 der Kölner Zeitschrift für Soziologie und Sozialpsychologie. Opladen: Westdeutscher Verlag 1979, S. 143-168
Einer der ersten Aufsätze Oevermanns zur Struktur der sozialisatorischen Interaktion in Familien. Vgl. auch Oevermann 2001 (im Literaturverzeichnis).

Talcott Parsons, Sozialstruktur und Persönlichkeit. Frankfurt am Main: Fachbuchhandlung für Psychologie 1981
Eine strukturfunktionalistische Sicht der Familie mit besonderer Berücksichtigung der psychoanalytischen Theorie der Sozialisation.

b) Texte zur Anthropologie und Sozialgeschichte der Familie

Andre Burguière, Christiane Klapitsch-Zuber, Martine Segalen, Françoise Zonabend (Hrsg.) Geschichte der Familie Bd. 1-4, Frankfurt am Main und New York bzw. Paris: Campus bzw. Editions de la Fondation Maison des Sciences de L'Homme 1997/98
  Umfassende, die französische und damit strukturale Perspektive auf die Familie betonende Übersicht über die Entwicklung der Familie vom Altertum bis zur Neuzeit.

Heidi Rosenbaum, Formen der Familie – Untersuchungen zum Zusammenhang von Familienverhältnissen, Sozialstruktur und sozialem Wandel in der deutschen Gesellschaft des 19. Jahrhunderts. Frankfurt am Main: Suhrkamp 1982
  Die nach meiner Auffassung führende Übersicht über die Sozialgeschichte der Familie in Deutschland.

c) Texte zur aktuellen Situation der Familie

Günter Burkart, Martin Kohli, Liebe – Ehe – Elternschaft: Die Zukunft der Familie. München: Piper 1992
  Eine Untersuchung aktueller Veränderungsprozesse im familialen Zusammenleben, die den Vorzug hat, unterschiedliche Milieus in ihren Gemeinsamkeiten und Besonderheiten darzustellen.

Tilman Allert, Die Familie – Fallstudien zur Unverwüstlichkeit einer Lebensform. Berlin, New York: Walter de Gruyter 1998
  Betont die Struktur der sozialisatorischen Interaktion in unterschiedlichen Milieus.

2. Texte zur Methodologie der fallrekonstruktiven Forschung

a) Übersichten

Detlef Garz und Klaus Kraimer (Hrsg.) Die Welt als Text. Theorie, Kritik und Praxis der objektiven Hermeneutik. Frankfurt am Main: Suhrkamp 1994
  Die Beiträge in diesem Band befassen sich ausschließlich mit der Objektiven Hermeneutik.

Klaus Kraimer (Hrsg.) Die Fallrekonstruktion. Sinnverstehen in der sozialwissenschaftlichen Forschung. Frankfurt am Main: Suhrkamp 2000
Vgl. zu diesem Buch meine ausführliche Rezension in „Sozialwissenschaftliche Literatur Rundschau" 47(2), 2003, S 49-59.

Ronald Hitzler, Anne Honer (Hrsg.) Sozialwissenschaftliche Hermeneutik. Opladen: Leske + Budrich 1997
Hier wird die Vielfalt hermeneutisch orientierter Sozialforschung, von der Objektiven Hermeneutik über die Wissenssoziologie und Biographieforschung bis zu textstrukturellen Analysen, in Einzelbeiträgen vorgestellt.

Thomas Jung, Stefan Müller-Doohm (Hrsg.) „Wirklichkeit" im Deutungsprozeß. Frankfurt am Main: Suhrkamp 1993
Auch dieser Band kann als Übersicht gelesen werden; in der Tendenz ist er breiter angelegt als der von Hitzler und Honer (s. o.).

Hans-Georg Soeffner, Auslegung des Alltags – Der Alltag der Auslegung. Zur wissenssoziologischen Konzeption einer sozialwissenschaftlichen Hermeneutik. Frankfurt am Main: Suhrkamp 1989
Soeffner gehört zu den Autoren, die – etwa im Unterschied zu Oevermann – sich stärker von den geisteswissenschaftlichen Traditionen der Hermeneutik beeinflussen lassen.

b) Hand- und Lehrbücher

Uwe Flick, Ernst v. Kardorff, Heiner Keupp, Ines Steinke (Hrsg.) Qualitative Forschung – Ein Handbuch. Reinbek bei Hamburg: Rowohl 2003[2]
Ein sorgfältig ausgearbeitetes, umfassendes Kompendium derzeit relevanter Ansätze in der qualitativen Sozialforschung..

Uwe Flick, Qualitative Forschung. Theorie, Methoden, Anwendung in Psychologie und Sozialwissenschaften. Reinbek bei Hamburg: Rowohlt 1995
Auch dieses Buch gibt eine umfassende, dabei eher auf enzyklopädische Vollständigkeit als auf kritische Einschätzung bedachte Übersicht über den Gesamtbereich der qualitativen Forschung.

Matthew B. Miles und A. Michael Huberman, Qualitative Data Analysis. An expanded Sourcebook. Thousand Oaks, London, New Dehli: Sage 1994 (2nd edition)
Umfassendes, praxisorientiertes und u. a. von Anselm Strauss sehr geschätztes Lehrbuch qualitativer Sozialforschung.

Anselm Strauss, Grundlagen qualitativer Sozialforschung. München: Fink 1994 (2. Aufl. 1998, UTB)

Dieses Buch stellt für mich das zentrale Lehrbuch qualitativer Sozialforschung dar. Gefordert ist vom Leser, selbst Übersetzungsleistungen aus dem Symbolischen Interaktionismus in andere Paradigmata zu erbringen.

3. Exemplarische Studien

Tilman Allert, Liselotte Bieback-Diel, Helmut Oberle, Elisabeth Seyfarth, Familie, Milieu und sozialpädagogische Intervention. Münster: Votum 1994

Eine fallrekonstruktiv und fallkontrastierend vorgehende Studie über Familien mit sozialen Problemen, die überdies praxisorientiert angelegt ist.

Daniel Bertaux und Isabelle Bertaux-Wiame, „Was du ererbt von deinen Vätern ..." Transmissionen und soziale Mobilität über fünf Generationen. BIOS Jg. 4 Heft 1 (1991), S. 13-40

Studie im ländlichen Milieu Frankreichs, deren methodische Anlage sehr dem hier entwickelten Ansatz nahe kommt.

Andrea Lanfranchi, Immigranten und Schule. Opladen: Leske + Budrich 1993

Studie zu Bewältigungsleistungen süditalienischer Arbeitsmigrantenfamilien im Migrationsprozeß, aus der Sicht ihrer Kinder betrachtet.

Joachim Modes, Vaterverlust und Rekonstruktion in der Biographie von Söhnen. Münster: LIT 1998

Vergleichende Studie von Biographieverläufen bei Mitte der 1920er Jahre geborenen Männern unter besonderer Berücksichtigung der Frage, wie sie mit dem Vaterverlust zurechtgekommen sind.

Ulrich Oevermann, Eugène Delacroix – biographische Konstellation und künstlerisches Handeln. In: Georg Büchner Jahrbuch 6 (1986/87). Frankfurt am Main: Hain 1990, S. 12-58

Eine der wenigen Fallmonographien, die Oevermann ausgearbeitet und publiziert hat. Hier hat er sich der Problematik der Darstellung von Fallrekonstruktionen angenommen und eine überzeugende Lösung gefunden.

Tabellen und Abbildungen

Tabelle 1: Datenerhebung in der Studie der Familie Dittrich

Datum	Datenerhebung	Vorliegende Daten
16.11.1981	Eingangsgespräch	Beobachtungsprotokoll
20.11.1981	Narratives Interview mit Frank	Beobachtungsprotokoll, Tonband, vollständig verschriftet
4.12.1981	Familiengeschichtliches Gespräch	Beobachtungsprotokoll, Tonband, vollständig verschriftet
18.12.1981	Interaktionsbeobachtung: Familie Dittrich zu Hause	Beobachtungsprotokoll
29.12.1981	Telefonanruf zur Terminabsprache	Mitschrift
30.12.1981	Interaktionsbeobachtung: Rundgang mit Frank durchs Dorf	Beobachtungsprotokoll
4.2.1982	Telefonanruf zur Terminabsprache	Mitschrift
5.2.1982	Interaktionsbeobachtung. Familie Dittrich zu Hause	Beobachtungsprotokoll
12.2.1982	Interaktionsbeobachtung: Die Familie hat Besuch aus dem Dorf	Beobachtungsprotokoll
19.3.1982	Interaktionsbeobachtung: Familie Dittrich zu Hause	Beobachtungsprotokoll
18.8.1982	Archiv	Abschriften
November 1997	Telefonanruf: Erkundung des aktuellen Standes in der Familie Dittrich, Terminabsprache	Mitschrift
November 1997	Familiengeschichtliches Gespräch	Beobachtungsprotokoll, Tonband, vollständig verschriftet

Der Fall Dittrich ist von Tomas Steffens nachuntersucht worden (vgl. T. Steffens, Familienmilieu und biografische Verläufe psychisch Kranker. Frankfurt am Main: Humanities Online 2004, S. 167-198).

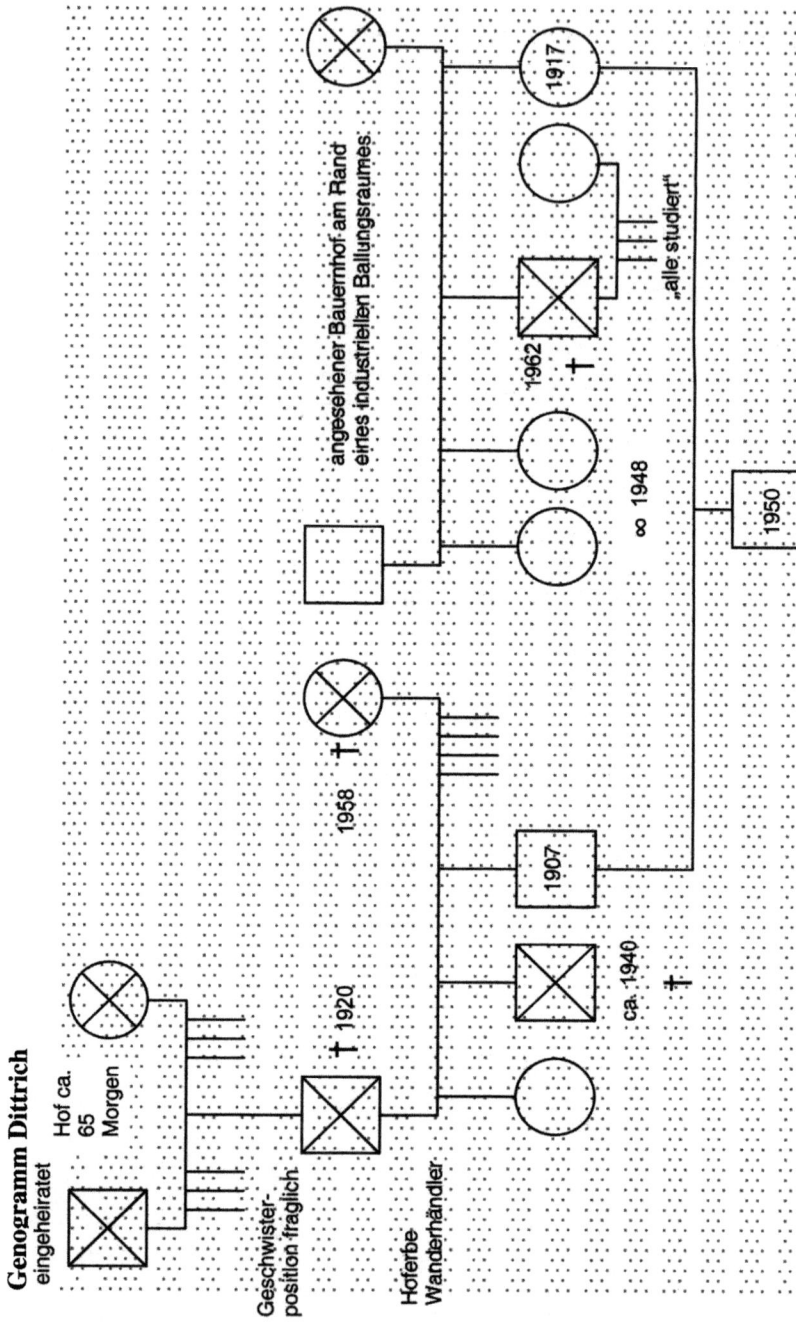

Genogramm Dittrich
eingeheiratet

Hof ca. 65 Morgen

Geschwister-position fraglich

Hoferbe
Wanderhändler

† 1920

ca. 1940 †

1907

1958 †

angesehener Bauernhof am Rand eines industriellen Ballungsraumes

1962 †

∞ 1948

1917

1950

„alle studiert"

Literatur

Agar, M. H. The Professional Stranger. An Informal Introduction to Ethnography. New York, London: Academic Press; 1980.

Allert, T. Die Familie: Fallstudien zur Unverwüstlichkeit einer Lebensform. Berlin, New York: Walter de Gruyter; 1998.

Bateson, G. et al. Schizophrenie und Familie. Frankfurt am Main: Suhrkamp; 1969.

Becker, H. Outsiders. New York: Free Press; 1963.

Bergmann, J. R. Flüchtigkeit und methodische Fixierung von sozialer Wirklichkeit. Aufzeichnungen als Daten der interpretativen Soziologie. In: Bonß, W., Hartmann, H., (Hrsg.) Entzauberte Wissenschaft. Sonderband 3 der Sozialen Welt. Göttingen: Verlag Otto Schwartz & Co.; 1985: S. 299-320.

Bericht über die Lage der Psychiatrie in der Bundesrepublik Deutschland. Bonn: Deutscher Bundestag; 1975.

Blankenburg, W. Der Verlust der natürlichen Selbstverständlichkeit. Ein Beitrag zur Psychopathologie symptomarmer Schizophrenien. Stuttgart: Enke; 1971.

Blankenburg, W. Biographie und Krankheit. In: Huber, T., (Hrsg.) „Medicus Oecologicus": Der Arzt im Spannungsfeld zwischen Innen- und Außenwelt. Mannheim: Internationale Mediziner-Arbeitsgemeinschaft; 1984: S. 45-96.

Blankenburg, W.; Hildenbrand, B. Familiensituation und alltagsweltliche Orientierung Schizophrener. Projektantrag für die Deutsche Forschungsgemeinschaft. Marburg 1979.

Blankenburg, W.; Hildenbrand, B. Familiensituation und alltagsweltliche Orientierung Schizophrener. Abschlußbericht für die Deutsche Forschungsgemeinschaft. Marburg 1983.

Bohler, K. F.; Hildenbrand, B. Landwirtschaftliche Familienbetriebe in der Krise. Münster: LIT; 1997.

Bohnsack, R. Rekonstruktive Sozialforschung. Einführung in Methodologie und Praxis qualitativer Forschung. Opladen: Leske + Budrich; 1991.

Bohnsack, R. et al. Die Suche nach Gemeinsamkeit und die Gewalt der Gruppe. Hooligans, Musikgruppen und andere Jugendcliquen. Opladen: Leske + Budrich; 1995.

Buchholz, M. B. Dreiecksgeschichten. Eine klinische Theorie psychoanalytischer Familientherapie. Göttingen: Vandenhoeck & Ruprecht; 1993.

Buchholz, M. B. Die unbewußte Familie. Lehrbuch der psychoanalytischen Familientherapie. München: Pfeiffer; 1995.

Buchholz, M. B. Metaphern der „Kur". Studien zum therapeutischen Prozeß. Opladen: Westdeutscher Verlag; 1996.

Cicourel, A. V. Methode und Messung in der Soziologie. Frankfurt am Main: Suhrkamp; 1970.

Clausen, J. A. Faulty Socialization and Social Disorganization as Etiological Factors in Mental Disorder. Social Psychiatry 1968

Corbin, J. M.; Strauss, A. L. Weiterleben lernen. Verlauf und Bewältigung chronischer Krankheit. Bern: Huber 2004[2]

Eco, U. Hörner, Hufe, Sohlen. Einige Hypothesen zu drei Abduktionstypen. In: Eco, U., Sebeok, T. A., (Hrsg.) Der Zirkel oder Im Zeichen der Drei. Dupin, Holmes, Peirce. München: Wilhelm Fink; 1985: S. 288-320.

Engelstädter, A. Transformationspotentiale landwirtschaftlicher Familien im Systemumbruch: Eine Fallstudie. Unveröff. Magisterarbeit. Jena, 1997.

Flick, U. Qualitative Forschung. Theorie, Methoden, Anwendung in Psychologie und *Sozialwissenschaften*. Reinbek bei Hamburg: Rowohlt; 1995.

Garfinkel, H. „Gute" organisatorische Gründe für „schlechte" Klinikakten. System Familie (2000) 13: 111-122.

Geertz, C. Dichte Beschreibung. Beiträge zum Verstehen kultureller Systeme. Frankfurt am Main: Suhrkamp; 1983.

Gerhardt, U. Typenbildung. In: Flick, U., et al., (Hrsg.) Handbuch qualitative Sozialforschung. München: Psychologie Verlags Union; 1991: S. 435-439.

Giegel, H.-J.; Frank, G.; Billerbeck, U. Industriearbeit und Selbstbehauptung. Opladen: Leske + Budrich; 1987.

Ginzburg, N. Nie sollst Du mich befragen. Erzählungen. Frankfurt am Main: Fischer; 1995

Glaser, B. G. Theoretical Sensitivity. Mill Valley: Sociology Press; 1978.

Glaser, B. G. Basics of Grounded Theory Analysis. Mill Valley: Sociology Press; 1992.

Glaser, B. G.; Strauss, A. L. The Discovery of Grounded Theory: Strategies for qualitative research. Chicago: Aldine Publishing Company; 1967.

Goffman, E. Rahmenanalyse. Frankfurt am Main: Suhrkamp; 1980.

Grathoff, R. H. The Structure of Social Inconsistencies. A contribution to a unified theory of play, game and social action. The Hague: Martinus Nijhoff; 1970.

Grathoff, R. Milieu und Lebenswelt. Frankfurt am Main: Suhrkamp; 1989.

Halbwachs, M. Das Gedächtnis. Berlin und Neuwied: Luchterhand; 1966.

Haupert, B.; Schäfer, F. J. Jugend zwischen Kreuz und Hakenkreuz. Biographische Rekonstruktion als Alltagsgeschichte des Faschismus. Frankfurt am Main: Suhrkamp; 1991.

Hegel, G. W. F. Phänomenologie des Geistes. Stuttgart: Reclam; 1987.

Heidegger, M. Ontologie (Hermeneutik der Faktizität). Heidegger-Gesamtausgabe Bd. 63. Frankfurt am Main: Vittorio Klostermann; 1982/1923.

Herrmann, V. Handlungsmuster landbewirtschaftender Familien. Bamberg: Wissenschaftliche Verlagsgesellschaft WVB Bamberg; 1993.

Hildenbrand, B. Alltag und Krankheit. Ethnographie einer Familie. Stuttgart: Klett-Cotta; 1983.

Hildenbrand, B. Wer soll bemerken, daß Bernhard krank wird? Familiale Wirklichkeitskonstruktionsprozesse bei der Erstmanifestation einer schizophrenen Psychose. In: Bergold, J. B., Flick, U., (Hrsg.) Ein-Sichten. Zugänge zur Sicht des Subjekts mittels qualitativer Forschung. Tübingen: DGVT-Verlag; 1987: S. 151-162.

Hildenbrand, B. Krankheit und Geschichtlichkeit des menschlichen Daseins. Fundamenta Psychiatrica 4; 1988: S. 239-250.

Hildenbrand, B. Geschichtenerzählen als Prozeß der Wirklichkeitskonstruktion in Familien. System Familie 3: 227-236; 1990.

Hildenbrand, B. Alltag als Therapie. Ablöseprozesse Schizophrener in der psychiatrischen Übergangseinrichtung. Bern, Stuttgart, Toronto: Huber; 1991.

Hildenbrand, B. Biographieanalysen im Kontext von Familiengeschichten: Die Perspektive einer Klinischen Soziologie. In: Bohnsack, R., Marotzld, W., (Hrsg.) Biographieforschung und Kulturanalyse. Transdisziplinäre Zugänge qualitativer Forschung. Opladen: Leske + Budrich; 1998: S. 205-224.

Hildenbrand, B. Was ist für wen der Fall? Probleme bei der Weitergabe von Ergebnissen von Fallstudien an die Untersuchten und mögliche Lösungen. (Psychotherapie und Sozialwissenschaft 1(4), 1999, S. 265-280.

Hildenbrand, B.; Müller, H. Mißlungene Ablöseprozesse Jugendlicher aus ihren Familien. Ethnographische Illustrationen zur Frage des methodischen Stellenwerts von Einzelfallstudien in der interpretativen Sozialforschung. In: Soeffner, H.-G., (Hrsg.). Beiträge zu einer Soziologie der Interaktion. Frankfurt am Main: Campus; 1984: S. 79-120.

Hildenbrand, B.; Bohler, K. F.; Jahn, W.; Schmitt, R. Bauernfamilien im Modernisierungsprozeß. Frankfurt am Main: Campus; 1992.

Karrer, D. Die Last des Unterschieds. Biographie, Lebensführung und Habitus von Arbeitern und Angestellten im Vergleich. Opladen: Westdeutscher Verlag; 1998.

Lakoff, G.; Johnson, M. Leben in Metaphern. Konstruktion und Gebrauch von Sprachbildern. Heidelberg: Carl-Auer-Systeme Verlag; 1998.

Lanfranchi, A. Immigranten und Schule. Opladen: Leske + Budrich; 1998 (2. Aufl. 2000).

Leber, M.; Oevermann, U. Möglichkeiten der Therapieverlaufsanalyse in der objektiven Hermeneutik. Eine exemplarische Analyse der ersten Minuten einer Fokaltherapie aus der Ulmer Textband („Der Student"). In: Garz, D., Kraimer, K., (Hrsg.) Die Welt als Text. Frankfurt am Main: Suhrkamp; 1994: S. 383-427.

Mannheim, K. Das Problem der Generationen. Kölner Vierteljahreshefte für Soziologie 7: 157-185,309-330; 1928.

Mannheim, K. Das Problem der Generationen. In: Kohli, M., (Hrsg.) Soziologie des Lebenslaufs. Darmstadt und Neuwied: Luchterhand; 1978: S. 38-53.

Marx, K. Der achtzehnte Brumaire des Louis Bonaparte. In: Marx, K., Engels, F., (Hrsg.) Ausgewählte Schriften. Berlin: Dietz Verlag; 1964: S. 226-316.

Matthiesen, U., Standbein – Spielbein. Deutungsmusteranalysen im Spannungsfeld von objektiver Hermeneutik und Sozialphänomenologie. In: Garz, D., Kraimer, K., (Hrsg.) Die Welt als Text. Frankfurt am Main: Suhrkamp; 1994: S. 73-113.

Mauss, M. Soziologie und Anthropologie Bd. 11. Frankfurt am Main, Berlin, Wien: Ullstein; 1978.

Merleau-Ponty, M. Vorlesungen I. Berlin, New York: Walter de Gruyter; 1973.

Miles, M. B.; Huberman, A. M. Qualitative Data Analysis. An Expanded Sourcebook. Thousand Oaks, London, New Dehli: Sage; 1994.

Nagel, U. Engagierte Rollendistanz. Opladen: Leske + Budrich; 1997.

Oevermann, U. Kontroversen über sinnverstehende Soziologie. Einige wiederkehrende Probleme und Mißverständnisse in der Rezeption der „objektiven Hermeneutik". In: Aufenanger, S., Lenssen, M., (Hrsg.) Handlung & Sinnstruktur. München: Kindt Verlag; 1986: S. 19-83.

Oevermann, U. Eine exemplarische Fallrekonstruktion zum Typus versozialwissenschaftlichter Identitätsformation. In: Brose, H.-G., Hildenbrand, B., (Hrsg.) Vom Ende des Individuums zur Individualität ohne Ende. Opladen: Leske + Budrich; 1988: S. 243-286.

Oevermann, U. Klinische Soziologie. Konzeptualisierung, Begründung, Berufspraxis und Ausbildung. Frankfurt am Main, 1990 (Ms.).

Oevermann, U. Eugene Delacroix – biographische Konstellation und künstlerisches Handeln. In: Georg Büchner Jahrbuch 6 (1986/87). Thomas Michael Mayer (Hrsg.) Frankfurt am Main: Hain; 1990a: S. 12-58.

Oevermann, U. Genetischer Strukturalismus und das sozialwissenschaftliche Problem der Erklärung der Entstehung des Neuen. In: Müller-Doohm, S., (Hrsg.) Jenseits der Utopie. Frankfurt am Main: Suhrkamp; 1991: S. 267-336.

Oevermann, U. Die objektive Hermeneutik als unverzichtbare methodische Grundlage für die Analyse von Subjektivität. Zugleich eine Kritik der Tiefenhermeneutik. In: Jung,

T., Müller-Doohm, *S.*, (Hrsg.) „Wirklichkeit" im Deutungsprozeß. Frankfurt am Main: Suhrkamp; 1993: S. 106-189.

Oevermann, U. Die Soziologie der Generationenbeziehungen und der historischen Generationen aus strukturalistischer Sicht und ihre Bedeutung für die Schulpädagogik. In: Kramer, R.-T., Helsper, W., Busse, S. (Hrsg.) Pädagogische Generationenbeziehungen – Jugendliche im Spannungsfeld von Schule und Familie. Opladen: Leske + Budrich; 2001: 78-128.

Oevermann, U.; Schuster, L.; Simm, A. Zum Problem der Perseveranz in Delikttyp und modus operandi. Wiesbaden: Bundeskriminalamt Wiesbaden; 1985.

Papst, J. et al. Forschungsprojekt „Kinder in Familien mit einem chronisch kranken Elternteil am Beispiel der Multiplen Sklerose". Ergebnisse. Zürich: Schweizer Multiple Sklerose Gesellschaft; 1998.

Punch, M. The Politics and Ethics of Fieldwork: Muddy Boots and Grubby Hands. Beverly Hills: Sage; 1986.

Reichertz, J. Abduktives Schlußfolgern und Typen(re)konstruktion. In: Jung, T., Müller-Doohm, *S.*, (Hrsg.) „Wirklichkeit" im Deutungsprozeß. Verstehen und Methoden in den Kultur- und Sozialwissenschaften. Frankfurt am Main: Suhrkamp; 1993: S. 258282.

Riemann, G. Das Fremdwerden der eigenen Biographie. Narrative Interviews mit psychiatrischen Patienten. München: Wilhelm Fink; 1987.

Rittlinger, H. Das baldverlorene Paradies. Wiesbaden: F. A. Brockhaus; 1960.

Sartre, J.-P. Marxismus und Existentialismus. Versuch einer Methodik. Reinbek bei Hamburg: Rowohlt; 1964

Schapp, W. In Geschichten verstrickt. Zum Sein von Mensch und Ding. Wiesbaden: B. Heymann; 1976.

Schatzman, L.; Strauss, A. L. Field Research. Strategies for a Natural Sociology. Englewood Cliffs, N. J.: Prentice Hall; 1973.

Schütz, A. Gesammelte Aufsätze I. Das Problem der sozialen Wirklichkeit. Den Haag: Martinus Nijhoff; 1971.

Schütz, A. Gesammelte Aufsätze 3. Studien zur phänomenologischen Philosophie. Den Haag: Martinus Nijhoff; 1971a.

Schütz, A., Luckmann, T. Strukturen der Lebenswelt Bd. I + 11. Frankfurt am Main: Suhrkamp; 1984.

Schütze, F. Kognitive Strukturen des autobiographischen Stegreiferzählens. In: Kohli, M., Robert, G., (Hrsg.) Biographie und soziale Wirklichkeit. Neue Beiträge und Forschungsperspektiven. Stuttgart: Metzler; 1984: S. 78-117.

Seibert, 0.; Struff, R. et al. Anpassungsstrategien landwirtschaftlicher Haushalte. Fallstudien zum Arkleton-Projekt: „Strukturwandel in der europäischen Landwirtschaft und die Zukunft ländlicher Räume unter besonderer Berücksichtigung der Mehrfachbeschäftigung". Bonn: Forschungsgesellschaft für Agrarpolitik und Agrarsoziologie e. V., Bonn; 1993.

Sieber, J. E. Planning Ethically Responsable Research: A Guide for Students and Internal Review Boards. Newbury Park, CA: Sage; 1992.

Soeffner, H.-G. Auslegung des Alltags – Der Alltag der Auslegung. Frankfurt am Main: Suhrkamp; 1989.

Steffens, T. Psychische Krankheit und soziale Ungleichheit. Fallrekonstruktive Analysen biographischer Verläufe bei Schizophrenen (Diss.). Berlin, 2001.

Stierlin, H. Eltern und Kinder. Das Drama von Trennung und Versöhnung im Jugendalter. Frankfurt am Main: Suhrkamp; 1980.

Strauss, A. L. Continual Permutations of Action. New York: Aldine de Gruyter; 1993.

Strauss, A. L. Grundlagen qualitativer Sozialforschung. München: Wilhelm Fink; 1994. (2. Aufl. 1998, UTB)

Vogel, J. Unternehmerische Potentiale bei alten Selbständigen in Ostdeutschland – Kontinuitäten und Zäsuren. Unveröff. Magisterarbeit. Jena, 1997.

Vollard, A. Paul Cézanne. Gespräche und Erinnerungen. Zürich: Arche; 1960.

Waldenfels, B. Ordnung im Zwielicht. Frankfurt am Main: Suhrkamp; 1987.

Walser, M. Ein springender Brunnen. Frankfurt am Main: Suhrkamp; 19982.

Weber, Marianne, Max Weber. Ein Lebensbild. München: Piper, 1989.

Weber, M. Gesammelte Aufsätze zur Wissenschaftslehre. Tübingen: J.C.B.Mohr, 1988.

Weber, M. Politik als Beruf. Stuttgart: Reclam; 1992.

Weber, M. Wissenschaft als Beruf. Stuttgart: Reclam; 1995.

Weiß, J. Max Webers Grundlegung der Soziologie. München u.a.: K. G. Saur; 1992.

Welter-Enderlin, R.; Hildenbrand, B. Systernische Therapie als Begegnung. Stuttgart: Klett-Cotta; 2004[4].

Namenregister

Agar, M.H. 2O, 87
Allert, T. 12, 82, 84, 87
Atkinson, P. 60, 61

Bateson, G. 51, 87
Becker, H. 26, 79, 87
Berger, P. 81
Bergmann, J.R. 10, 13, 31, 87
Bertaux, D. 84
Bertaux-Wiame, I. 84
Bieback-Diel, L. 84
Billerbeck, U. 71, 88
Blankenburg, W. 19, 67, 87
Bohler, K.F. 10, 72, 79, 87, 88
Bohnsack, R. 28, 57, 87
Brecht, B. 75
Buchholz, M.B. 10, 12, 49, 87
Burgière, A 82
Burkart, G. 82

Cezanne, P. 14
Cicourel, A.V. 9, 20, 87
Clausen, J.A. 67, 88
Corbin, J.M. 33, 65, 88

Dreßel, G. 10

Eco, U. 13, 88
Engelstädter, A 73, 88

Flick, U. 28, 83, 88
Frank, G. 71, 88
Freud, S. 70

Garfinkel, H. 33, 57, 67, 88
Garz, D. 82
Geertz, C. 17, 88
Gerhardt, U. 71, 88

Giegel, H.-J. 10, 71, 88
Ginzburg, N. 12, 88
Glaser, B.G. 9, 15, 26, 43, 62, 88
Goffman, E. 45, 88
Grathoff,R. 9, 12, 13, 14, 83, 88
Gurwitsch, A. 9

Halbwachs, M. 28, 88
Haupert, B. 57, 88
Hegel, G.W.F. 42, 51, 61, 88
Heidegger, M. 57, 88
Herrmann, V. 66, 88
Hildenbrand, B. 12, 19, 28, 29, 36, 43, 48,
    60, 62, 64, 67, 70, 72, 75, 76, 77, 78,
    79, 87, 88, 89, 91
Hitzler, R. 83
Honer, A. 83
Huberman, A.M. 75, 76, 77, 78, 79, 80, 83,
    89
Husserl, E. 62

Johnson, M. 49, 89
Jung, T. 83, 90

Kardorff, E. von 83
Karrer, D. 14, 89
Kellner, H. 81
Keupp, H. 83
Klapitsch-Zuber, C. 82
Klein, D. 19, 24
Köhler, D. 10
Kohli, M. 82, 89
Kraimer, K. 82

Lakoff, G. 49, 89
Lanfranchi, A. 73, 84, 89
Leber, M. 15, 16, 89
Lévi-Strauss, C. 61

Sachregister

Neu im Lehrbuch-Programm

Heinz Abels

Einführung in die Soziologie

Band 1: Der Blick auf die Gesellschaft
2., überarb. und erw. Aufl. 2004.
436 S. Br. EUR 19,90
ISBN 3-531-33610-X

Band 2: Die Individuen in ihrer Gesellschaft
2., überarb. und erw. Aufl. 2004.
463 S. Br. ca. EUR 19,90
ISBN 3-531-33611-8

Was ist Soziologie? Was sind zentrale Themen? Welche theoretischen Erklärungen haben sich zu bestimmten Fragen durchgesetzt? Auf diese Fragen will diese zweibändige Einführung in die Soziologie Antwort geben.
Die Sprache ist so gehalten, dass der Anfänger sicher auf abstrakte Themen und Theorien zugeführt wird und der Fortgeschrittene sein Wissen noch einmal in Ruhe rekonstruieren kann.

Paul B. Hill, Johannes Kopp

Familiensoziologie
Grundlagen und theoretische Perspektiven
3., überarb. Aufl. 2004. 358 S.
mit 8 Abb. Br. EUR 26,90
ISBN 3-531-43734-8

Der Band gibt einen fundierten Einblick in die Familiensoziologie. Dabei werden zunächst die historischen und ethnologischen Variationen der Formen familialen Lebens thematisiert und die wichtigsten Theorietraditionen der Familiensoziologie vorgestellt. Für die zentralen Gegenstandsbereiche – etwa Partnerwahl, Heiratsverhalten, innerfamiliale Interaktion, Fertilität, Familienformen sowie Trennung und Scheidung – wird der theoretische und empirische Stand der Forschung vorgestellt und diskutiert.

Michael Jäckel

Einführung in die Konsumsoziologie
Fragestellungen – Kontroversen – Beispieltexte
2004. 292 S. Br. EUR 24,90
ISBN 3-531-14012-4

Die moderne Gesellschaft lässt sich als Konsumgesellschaft beschreiben. Mode, Geschmack, Stil sind ebenso prägend wie die mit der entstehenden Konsumgesellschaft einhergehende Konsumkritik. Dieses einführende Lehrbuch beschreibt daher die Entstehung und Entwicklung von Konsum und seine gesellschaftliche Bedeutung.

Erhältlich im Buchhandel oder beim Verlag.
Änderungen vorbehalten. Stand: Juli 2004.

www.vs-verlag.de

VS VERLAG FÜR SOZIALWISSENSCHAFTEN

Abraham-Lincoln-Straße 46
65189 Wiesbaden
Tel. 0611.7878-722
Fax 0611.7878-400